공부를 잘해서 도덕적 인간에 이르는 길

발도르프와 한의학이 만난 학교 ❶

공부를 잘해서 도덕적 인간에 이르는 길

초판 2쇄 발행 2011년 9월 9일

지은이 | 이양호
발행인 | 김윤희
책임편집 | 이목
디자인 | 김은진

글숲산책
경기도 양평군 지평면 일신리 674번지
Tel. 010-2061-1628, 070-8807-1618
Fax. 031-774-1618
gsup@naver.com

출판신고 2008년 6월 16일 제 381-2008-00031호

ISBN : 978-89-961299-2-9 03370

14,000원

국립중앙도서관 출판시도서목록(CIP)

공부를 잘해서 도덕적 인간에 이르는 길 / 이양호 지음. - 성남 :
글숲산책, 2008
p., cm - (발도르프와 한의학이 만나 이룰 학교 : 1)

ISBN : 978-89-961299-2-9 03370 : ₩14,000

교육 이론[敎育理論]

370.8-KDC4
370.1-DDC21   CIP2008003395

발도르프와 한의학이 만난 학교 ❶

공부를 잘해서 도덕적 인간에 이르는 길

이양호 지음

글숲산책

열 살을 갓 넘은 어린 아들에게 삶이란 어떠해야 하는가를 보여주려고
곡괭이와 삽 한 자루 리어카 한 대로, 3년에 걸쳐 그 넓고도
높던 밭을 깎아 논으로 바꾸어놓다가, 마지막 한 뙈기 땅을 못 깎고
돌아가신 아버지 영혼 앞에 마흔이 넘어서도 설익은 밥밖에 못 지어 올립니다.

차례

글을 시작하기에 앞서

'공부를 잘해서 경쟁력 있는 인간이 되자.'

이 사회와 이 시대를 휘몰고 있는 소리이고 깃발입니다. 저는 이 깃발 건너편에 '공부를 잘해서 도덕적 인간에 이르는 학교'라는 깃발을 감히 세우고자 합니다.

어느 날 갑자기 뜬금없이 세우는 깃발이 아닙니다. 20여 년 동안 품었던 마음을 모아 세우는 깃발입니다. 당대 최고의 학자였던 퇴계 이황 선비께서 눈앞에 보이는 모든 이익과 관직을 버리고 경상도 촌구석으로 내려가 코흘리개들을 기르기 위해 도산서당을 세웠다는 사실을 알고 난 뒤부터, 제 속에서 조금씩 조금씩 그 꼴을 잡아갔던 마음입니다. "이 시대에 어울리는 서원을 세우고 싶다"는 마음이 바로 그것입니다.

대학교를 졸업할 즈음, 저는 '내 나라를 더 잘 이해하지 않으면 안 되겠다'는 생각을 하게 되었습니다. 그래서 대학교를 마친 뒤 지곡서당(공식명칭은 '태동고전연구소' 다.)에 들어갔습니다. 우리 옛분들의 생각이 한글이 아닌 한문으로 남아있기 때문이지요. 그곳에서 저는 참으로 아름다운 청명 임창순 선생님을 만나게 되었습니다. 선생님은 우리 시대가 잃어버린 '빼어나면서도 고운 선비'의 얼굴을 하고 계셨습니다. 서당 생활 3년 중 마지막 1년은 선생님 자택에 살면서 선생님과 한 밥상에서 밥을 먹을 수 있었으니 더 없이 행복한 시절이었지요. 지곡서당은 이 시대에 다시 나타난 조선의 서원이었습니다. 물론 한림대학교의 지원이 있었기에 가능한 일이었을 테지만, 선생님께서는 거의 당신 혼자의 힘으로 그 엄청난 일을 이루셨던 것입니다.

그 시절을 지나오면서 가슴에 품고 있던 '이 시대에 어울리는 서원을 세워 이때에 걸맞는 선비를 길러내고 싶다'는 꿈도 조금씩 더 뚜렷해져갔습니다. 훗날 그 꿈은 화순 운주사와 강진 다산초당을 거쳐 안동 도산서원에서 신혼여행을 마무리할 정도로 깊어졌습니다. 신혼여행이란 신랑신부가 앞으로 함께 나아갈 길에 첫걸음을 떼는 것이 아니겠습니까?

서당생활을 마치고 돈을 벌기 위해 학원 강사 생활을 했지만, 저희들은 꿈을 허물지 않았습니다. 그러던 어느 날 아내와 저는 독일에서 공부하기로 마음을 먹었습니다. 새 학교를 세워 공부를 제대로 가르치기 위해서는 '교육방법'을 배워야겠다는 판단 때문이었습니다. 지금 우리 사회의 교육을 거칠게 간추리면 '따라올 수 있는 사람은 따라오고 그럴 수 없는 사람은 떨어져 나가라.' 이런 얘기가 될 것입니다. 이런 상황 아래 어떻게 교육다운 교육을 할 수 있겠습니까?

저희들은 발도르프학교의 교육을 제대로 배워오기로 마음먹었습니다. 그 까닭은 1919년부터 시작한 오랜 대안교육의 역사, 감성과 헤아림(사유행위)을 통해 도덕성과 자유에 이르겠다는 그들의 교육관이 마음에 와 닿았기 때문입니다.

처음에는 발도르프 교육을 1년쯤 공부하면 되겠거니 생각했는데, 학교를 다니면서 시간이 흐를수록 참 배울 것이 많다는 생각이 깊어져 결국 졸업까지 하게 되었습니다. 독일에서 공부를 하는 동안, 맛난 물을 흘려보내는 샘을 팔 수 있는 힘을 제 몸이 얼추 갖추었다고 믿게 되었습니다. 이 책은 그러한 샘을 파기 위한 '첫 삽 뜨기' 인 셈입니다.

한국에 가서 새 샘을 파겠다는 계획을 독일 선생님께 말씀드렸을 때, 선생님은 "일본에 발도르프학교는 많아도 '거기에는 자유정신이 없다' 는 소리를 들었는데, 한국에서는 그것이 가능하다고 생각하는가?"며 되물었습니다. 저는 대답했습니다. "일본이 사무라이로 대표되는 칼의 문화였다면, 한국은 선비로 대표되는 시詩의 문화였습니다.(이 점에 대해서는 이 책 마지막 글에서 밝혀놓았다.) 시인의 마음이 보편적 도덕성에 이를 수 없다면, 어떤 마음이 거기에 이를 수 있겠습니까?"(발도르프에서 말하는 자유는, 자유분방함과는 영판 길이 다르다. 그곳에서 말하는 자유란 보편적인 도덕성일 뿐이다. '도덕' 이라 하지 않고 '자유' 라 말하는 것은 보편적이되 '스스로 찾아낸' 것임을 힘주어 말하고 싶어서다.)

이제, 이 책의 얼개로 말머리를 돌리겠습니다. 교육에서 가장 줏대가 되는 목표는 '이상적 인간상'입니다. 이것이 빠졌을 때 어떤 교육이 되는지는 당장 우리나라의 교육현실을 보면 알 수 있습니다. '이상적 인간상'을 생각해보기 위해, 저는 우리 역사가 드러내보여준 얼굴을 첫째 글에서 《심청전》을 통해 살펴보았습니다. 눈먼 심학규, 살신성인한 심청, 눈뜬 심학규와 그의 아들 태동의 얼굴이 그것입니다. 이들의 얼굴을 젊은 오이디푸스와 늙은 오이디푸스 이야기에 겹쳐 생각해보면서 우리의 얼굴을 더듬었습니다. 그런 다음 이상적 얼굴을 우리에게 보여준 분들을 감히 이야기했습니다.

둘째 글에서는 이상적 인간상이 드러나려면 교육이 어떻게 이루어져야 하는지를 과목 하나하나를 들어 살펴보았습니다. 물론 실제 학교에서 다루고 있는 수학·영어·과학 등 교과목을 가지고 했습니다. 과거에는 그러지 않았겠지만, 지금은 인성과 학습능력이 별개라고 여기는 분들이 많은 듯합니다. 인성을 기르는 교육에 치우치면 학습능력이 떨어지고, 학습능력을 높이는 교육에 치우치면 인성이 길러지지 않는다고 여기는 통념이 그것입니다. 그러면 서양의 교과목 즉 우리가 지금 배우는 교육은 정말 이 둘을 따로 떼놓고 보는 것일까요? 혹 서양교육의 껍데기만을 들여와 놓고 그것을 서양교육이라 우기고 있는 것은 아닐까요?

이런 물음을 풀기 위해 저는 플라톤의 《국가》를 통해 철인왕(哲人王, Philosophia의 마음을 가진 왕)을 꼼꼼히 뜯어보고 곱씹으면서, 그것이 수학공부와 맞물려 있음을 드러냈습니다. 거기서 저는 서양인에게 수학공부는 해탈을 향한 참선이었고, 수기안인修己安人을 향한 수양의 길이었음을 밝혔습니다. 이외에도 과학공부를 통해 얻게 되는 삶의 기율, 음악공부를 통해 다가가는 '개성적 보편성', 영어의 길을 통해 이르게 되는 '새롭고도 큰 나' 등을 살펴보았습니다. 학습능력과 도덕성이 하나는 아니지만, 찰싹 붙어 있음을 드러내기 위해서였습니다.

개별 과목들을 다룬 각 마당에서는 독일 발도르프사범대학에서 익힌 경험을 많이 끌어왔는데, 꼭 필요한 인용이 아니면 발도르프의 이념이나 이론을 앞세우지 않았습니다. 그것은 다음과 같은 생각 때문입니다.

크게 보았을 때, 발도르프 교육이 보편성을 지닌다는 점에 저는 맞장구를 칩니다. 하지만 구체성을 돌아보지 않는 어떤 보편성도 우리 삶을 거머쥘 수 없다는 믿음 역시 굳건합니다. 교육의 구체성을 이루는 가장 큰 뼈대는 '이때, 이땅에서, 살고 있는 이 삶' 입니다. 이 셋이 빠지면, 그것은 뜬구름 같은 보편성에 지나지 않을 것입니다. 그래서 저는 이 책을 쓰면서 늘 이 셋을 붙잡고 있으려 노력했습니다. 이런 이유에서, 아내와 함께 발도르프사범대학을 다녔고 또 두 아이가 발도르프 유치원을 마치고 발도르프학교를 다니다가 한국에 왔으면서도, 앞으로 우리가 이루려는 새로운 학교를 설명하는 자리에서 발도르프와 그 이념을 앞세우지 않았던 것입니다. 그 이념은 저희가 하려는 교육에 녹아들어가야 하는 것이지, 그것이 우리의 모든 교육을 재는 잣대라도 되는 양 우리 머리꼭대기에 올라타 호령해서는 안 된다고 믿기 때문입니다. 발도르프의 샘을 판 슈타이너R. Steiner도 저의 말에 힘을 보탤 것입니다.

"인지학人智學적인 정신과학(슈타이너 자신의 철학―저자)이 발도르 프학교를 세웠고, 이제 그 세계관을 이 학교에 세우려 한다고 말하 는 사람이 있다면, 그는 진실을 말한 것이 아닙니다. ……(중략)…… 우리가 애써야 할 것은 살아있는 교육이 되게 하는 것입니다"라는 그의 말이 그 증거입니다.

마지막 글은 2006년 7월 졸업행사 때 독일 발도르프사범대학 강 당에서 발표했던 내용을 우리말로 옮긴 것입니다. '우리 얼굴'을 다룬 첫 번째 글 속에 넣으려다가, 따로 발표한 글인 만큼 본래 모습 그대로 두는 것도 그리 나쁘지는 않겠다는 판단 때문이었습니다.

지금 우리는 중국의 동북공정을 보면서 그들의 제국주의적 발상 에 몹시 마음이 상해 있습니다. 그러면서도 '만주는 우리 땅'이요 '한자도 원래는 우리 글자'라고 하는 등 우리 중에도 제국주의적 발언을 서슴지 않는 분들이 있습니다. 그렇게라도 해야 자부심이 생기기 때문일 것입니다. 참으로 우리 역사는 세계에 내놓을 만한 업적을 이루지 못한 것일까요? 옛분들이 품었던 우리의 위대한 정 신을 안다면, 그런 제국주의적 소리가 얼마나 부끄러운지도 절로 알 것입니다. 세계정신 속에 꼴꼴하게 서 있는 우리의 정신과 얼을 우리 속에서 다시 되짚어보고자 그때 발표했던 글을 여기에 실었습 니다.

이 책 시리즈 제목이 '발도르프와 한의학이 만난 학교 ❶'이므로 한의학적 교육내용도 이 글에서 마땅히 이야기해야겠지만, 그것은 책을 달리해 다루기로 했습니다. 이 일은 《동의보감》을 우리말로 옮기셨고, 대구 한의대학교 교수를 지내신 박석준 선생께서 맡아주기로 하셨습니다. 선생께서는 앞으로 만들어질 새로운 학교를 저희들과 함께 일구고 가꾸어 나가실 것입니다. 마지막으로 이 책이 나오기까지 애쓴 여러 분, 특히 좋은 그림을 거저 쓸 수 있게 해주신 김호석 선생과 추천사를 써주신 네 분, 책의 제목을 써주신 최원경 님 그리고 편집과 디자인을 해주신 이목 님과 김은진 님께 감사의 말씀을 올립니다.

2008년 늦가을 지은이

겨울

우리의 얼굴은
어떠해야 하는가?

이상적 인간상과 교육

《심청전》으로 본 우리 얼굴

심학규와 오이디푸스의 눈뜸

빼어난 젊음이란 무엇인가?

곱고 빼어난 선비

이상적 인간상과 교육

"교육이란 자연적으로 주어진 인간에게 그 인간이 지니는 최
대의 힘을 발로시켜, 우리가 기리는 이상적 인간이 되게 각성
시키는 일이다. 이렇게 보면, 교육의 근저에 이상적 인간상
의 설정이 있어야 함은 명백한 일이다. 이런 뜻에서 교육이
있는 곳에 반드시 이상적 인간상에 대한 논의가 있었다.

플라톤은 국가사회주의적 관점에서 1인 1기로 국가에 봉사
하는 인간상을, 페스탈로치는 기독교적 인간관의 관점에서
내재적 천부의 소질을 잘 발로시켜 지 · 덕 · 체를 겸비한 조
화적 인간상을, 그리고 듀이는 사회학적 관점에서 사회화된
민주적 인간상을 각각 이상으로 설정하고, 제각기 교육론을
전개하였다. ……(중략)…… 우리나라의 현실은 어떠한가? 교
육을 통해서 육성하고자 하는 이상적 인간상이 무엇인지 애
매하다. 이것은 곧 교육의 정체성과 방향성의 결여를 의미한

다. 따라서 모든 교사와 학부모가 공유할 수 있는 이상적 인간상의 설정은 교육의 정체성·방향성의 확립뿐만 아니라 바람직한 사회건설에도 크나큰 기여를 하게 될 것이다."

《교육철학》, 김정환·강선보 지음 403-404쪽

언제부터인가 우리는 이상적 인간상을 잃어버리고 말았지만, 교육에서 이상적 인간상을 갖는 것은 이처럼 중요합니다. 김정환·강선보 교수님이 말씀하신 것처럼 "교육이 있는 곳에 반드시 이상적 인간상에 대한 논의가 있었"으니, 제대로 된 교육을 하려면 이상적 인간상을 세우지 않을 수 없습니다. 그래서 저는 우리의 옛 이야기인 《심청전》과 그리스의 상징적 인물인 오이디푸스를 실마리로 삼아, 우리의 이상적 얼굴을 윤곽이나마 드러내려 합니다.

《심청전》으로 본 우리 얼굴

"송나라 말년에 황주 도화동에 한 사람이 있었는데, 성은 심이고, 이름은 학규였다. 대대로 벼슬을 한 집안으로 이름이 났었으나, 집안 형편이 기울어져 스무 살이 못 되어 앞을 못 보게 되니, 벼슬길이 끊어지고 높은 자리에 오를 희망이 사라졌다. 시골에서 어렵게 사는 처지이고 보니 가까운 친척도 없고 게다가 눈까지 어두워서 알아주는 사람은 없었지만, 양

한글본 (심청전)

반의 후예로 행실이 청렴하고 지조가 곧아서 사람들이 모두
군자라고 칭송했다."

《심청전》 완판 71장본 75쪽, 정하영 역주, 고려대학교 민족문화연구소

심봉사, 그는 누구인가? 복사빛 도는 복사골 도화동桃花洞에 눈먼
사람이 살았다고 하니 이상하다. 도화동은 중국에서 〈도화원기桃花
園記〉라는 글이 나온 이래 중국과 조선 지식인의 이상향이 아니었던
가. 그런 곳에 눈먼 사람이 살고 있다는 것은, 극락과 천국에 눈먼
사람이 있다는 말만큼이나 이상한 소리다. 물론 현실적으로 보면
어디엔들 소경이 없겠는가마는, 서경敍景과 서정抒情의 하나됨을 꿈
꾸던 것이 조선 문학의 특징이고 보면, 이상향과 눈먼 사람은 영 어
울리지 않기 때문이다. 게다가 그 봉사는 여러 대 동안 떵떵거리고
살았던 명문거족 집안의 후손에다가, 하고 많은 성씨 중에 '심' 을
가져 '심' 봉사라니 더욱 그러하지 아니한가? 이상한 게 하나 더 있
다. 태어날 때부터 봉사가 아니라, 집안 형편이 기울어져 스무 살 언
저리에 [완판본은 '스무 살 안짝' 으로 되어 있고, 정재근 판(정권진 창, 《한국문
학의 이해》, 대방출판)은 '스무 살 후' 로 되어 있다.] 눈이 멀게 된 것도 그렇
지만, 꼭 그만큼을 더 산 마흔 나이에 자식 즉 심청을 두게 되었고,
또 그만큼 더 산 나이인 여든 즈음에 아들을 낳아 이름을 '태동' 이
라 지었다니, 스물 마흔 여든이라는 나이가 그냥 아무 생각 없이 쓴
나이였을까?

조선 사람들에게 스물 언저리는 어떤 의미였을까요? 그들의 나이 관념은 틀림없이 유학과 한의학에 따라 형성되었을 것입니다. 한의학 경전인 《황제내경皇帝內經》은, 남자 나이 이팔 즉 열여섯에 "(몸 안의) 음양이 조화되어 자식을 낳을 수 있다(二八 …… 陰陽和 故能有子)"고 하면서, 삼팔 즉 스물넷이면 "신기(腎氣 자식을 낳는 주요한 기운)가 가득차서 고르게 된 상태(三八腎氣平均)"라 하고 있습니다. 한편 《논어》에는 공자가 자기 삶을 나이에 따라 되짚어본 내용이 나오는데 "열다섯에 배우기로 마음먹어, 서른에 섰으며, 마흔에는 흔들림이 없다가, 쉰에야 천명을 알고, 예순에 듣는 일에 이력이 붙어, 일흔에 마음이 바라는 대로 해도 이치에 어긋나지 않게 되었다"는 게 그것입니다.

이것으로 미루어보았을 때, 조선 사람 특히 유학자들에게 스물이라는 나이는 배움의 길 위에 있던 때였고 새 생명을 낳아야 할 시기였다는 사실을 알 수 있습니다. 그런데 심봉사는 배움의 시기에 집안 형편이 기울어져 눈이 멀게 되었고 그때껏 자식도 두지 못했다고 하니, 여기에 뭔가 눈짓하는 게 있는 듯합니다.

그는 자식도 못 낳고 눈먼 당달봉사이지만, 아내의 지극한 보살핌으로 살다가 어느덧 남자 나이 마흔이 되었지요. 당시 조선인들에게 남자 나이 마흔은 무엇을 의미했을까요? 역시 조선인에게 몸과 마음의 길을 알려준, 조선의 철학이요 종교요 과학이었던 유학과 한의학에 기대서 그 점을 가늠해보겠습니다. 먼저 《논어》에 나오는 "사십이불혹四十而不惑"으로 설명하겠습니다. 서른에 제 발로 섰다고 여기고 그 길로 줄기차게 나가서 뭔가 한 가닥을 이루었다고 생각하는 나이, 그래서 자기가 하는 일에 의심도 품지 않고 남에게 미혹도 되지 않는 나이가 바로 불혹 즉 마흔입니다.

남자 나이 마흔에 대해《황제내경》은 "오팔 즉 마흔에 신기腎氣가 꺼져들어, 머리카락이 빠지고 잇몸이 드러난다(五八腎氣衰 髮墮齒 枯)"고 했습니다. 이 말이 맞는다면, 이 나이는 자식을 낳는 기운과 단단히 이어져 있던 신기가 꺼지고 사그라들기 시작하는 때이니, 건강한 자식을 생산할 마지막 시기라고 할 수 있습니다.

유학과 한의학의 설명을 한마디로 간추리면, 최고 정점에서 이제 는 내려가야만 하는 나이가 남자 나이 사십이라 할 수 있는 셈이지 요. 그때껏 제 힘으로 살지 못했던 심봉사는 끝내 자식도 제 힘으로 낳지 못했기에, 그는 이제 아내의 지극정성에라도 힘입어 자식두기 를 바랍니다. 그런데 자식두기를 바라는 까닭이 가관입니다.

"우리 나이 마흔이 되도록 슬하에 자식 하나 없어 조상 제사 를 끊게 되었으니, 죽어 저승에 간들 무슨 면목으로 조상을 뵈오며, 우리 부부 신세를 생각하면 죽어서 장례를 치를 일이 나, 해마다 돌아오는 제삿날에 밥 한 그릇 물 한 모금 그 누가 차려 주겠소? 명산대찰에 공이나 들여보아, 다행히 눈먼 자 식이라도 아들이고 딸이고 간에 낳아 보면 평생 한을 풀 것이 니, 지성으로 빌어보시오."

정하영 앞의 책, 79쪽

그래서 "자식두기는 훗길 보기 위함"이라고 김소월 님이 꼬집은 것일까요? 아무리 훗길 보기 위해 자식을 두려 한다지만, 제사상 받기 위해 자식을 보려 한다는 것은 너무 지나친 일이 아닐까요? 그런데도 제대로 차려진 제사상 하나 받기 위해 조선 끝자락의 유학자들은 벌거벗은 채 얼마나 날뛰었던가요!

당시 그들에겐 사회는 온데 간데 없어지고, 오로지 '가문家門의 영광'만이 있지 않았던가요? 조선의 뒷자락을 보면서, 물론 이것이 전부는 아니겠지만 가문 또는 문중연합체적인 요소가 뼈대를 이루었던 나라라는 느낌을 떨쳐버릴 수가 없습니다. 제 얘기가 그냥 내뱉는 소리가 아니라는 것을 한 가지만 들어 밝히겠습니다. 당시 유학자들에게는 두 가지 경전이 있었습니다. 주자가 바라봤던《논어》·《맹자》·《대학》·《중용》즉 '사서집주四書集注'가 그 하나라면, 문중마다 따로 가지고 있던 '족보'가 그 둘입니다. 하나가 정신의 길을 알려주었다면, 다른 하나는 육체의 길을 알려주었지요.

《사서집주》도 잘 암송해야 했지만, 그들은 자기 문중의 족보는 물론이려니와 다른 가문의 족보까지 쭉 꿰차고 있어야 했습니다. 그래서 어떤 사람의 이름만 들어도, 그 사람의 뿌리가 어떻고 그 뿌리에서 어떤 큰 줄기가 나왔으며 가지는 또 어떻게 뻗었는지를 훤히 알 수 있었던 것입니다. 만약 그렇게 할 수 없다면, 유학자라는 소릴 들을 수 없었습니다. 족보를 두루 꿰차고 있는 사람을 두고 '보학譜學에 밝다'고까지 할 정도로 조선에서는 족보를 중요하게 생각했습니다. 다시 말해 뭇 족보는 '알아도 그만 몰라도 그만'이 아니라, 반

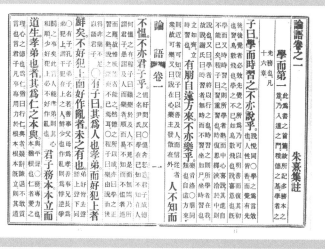

조선인에게 몸과 마음의 길을 알려주었던 〈논어〉(위)와 〈황제내경〉(아래)

드시 알아야 할 학學이었던 것입니다. 조금 더 실감나게 얘기하면, 보통 유학자 집안의 보물 제1호는 《사서집주》가 아니라, 조상과 자신 그리고 자식들의 이름이 새겨진 족보 책이었습니다.

심봉사가 말한 '제삿밥도 못 얻어먹게 되었다'는 소리는 가문의 끝장남을 두고 한 말이고, 경전 곧 족보가 자자손손 이어지게 되지 못함을 애타해 했던 말인 것입니다. 다시 말해 심학규가 제사상을 받으려 자식을 두려 했던 까닭은 한갓 이야기라서 그렇게 설정한 것이 아니고, 조선 유학자들이 가지고 있던 생각에 깊이 이어져 있는 생생한 현실이었던 것입니다.

심봉사의 소망이 조선 유학자들의 소망과 그럴듯하게 맞아떨어지니, 이 심봉사가 누구인지를 좀더 캐보아야겠습니다. 조선 민중들이 심봉사를 어떤 눈으로 바라봤는가를 알아보기 위해《심청전》에 나와 있는 목동가牧童歌를 보도록 하겠습니다.

······ (전략) ······

동산에 올라 휘파람 불고 시냇가에 앉아 시를 짓네
산천 기세 좋거니와 남해 풍경 그지없다.
좋은 경치 못 이기어 칼을 빼어 높이 들고
녹수청산 그늘 속에 오락가락 내다보며
동서남북 산천들을 오락가락 구경하니
원근 산촌 두세 집에 저녁노을 잠겼어라.
심산처사 어드메냐, 물을 곳이 어렵도다.

무심할손 저 구름은 맑은 물에 어려 있다.

유유한 까마귀는 청산 속에 왕래한다.

황산곡이 어드메뇨 오류촌이 여기로다.

······ (중략) ······

이리저리 노닐면서 종일토록 내 즐기니

산수를 즐기면서 인의예지 하오리라.

솔바람 거문고에 폭포로 북을 삼아

자잘한 시비 말고 흥을 겨워 노닐 적에

아침날 깨온 술을 점심지어 다 먹으며

피리를 손에 들고 자진곡 노래하니

상산사호 몇몇인고 날과 하면 다섯이요

죽림칠현 몇몇인고 날과 하면 여덟이라.

······ (후략) ······

정하영 앞의 책, 189-191쪽

이 노래는 목동가가 아닙니다. 목동의 입에서 나올 수 있는 소리가 아닙니다. 그런 소리를 시도 때도 없이 외고 다니던 사람들을 조롱하기 위해서 했던 소리일 뿐입니다. 그래서 《심청전》의 이야기꾼은 목동가를 시작하기 전에 "나무꾼 아이들이 낫자루 손에 쥐고 지게목발 두드리면서 목동가를 노래하며 심맹인을 보고 희롱한다"고 했으며, 그 노래를 끝내고 나서도 "나무꾼 아이들이 이렇듯이 심봉사를 빗대어 노래를 불렀다"고 했던 것입니다.

그런데 이 목동가를 어디서 많이 들어본 듯한 느낌이 드는 건 어떤 까닭일까요? 정철의 가사문학 등 유학자들이 뻥긋하면 입에 올렸던 소리가 아닌가요? 그렇다면 심봉사라는 인물은, 음풍농월이나 하며 도연명이 어쩌고저쩌고 주자가 어쩌고저쩌고 했던 조선 후기의 유학자들을 가리키는 것은 아닐까요? 유학자들 사는 곳이 복사꽃 피는 도화동이 아니면 어디이겠으며, 여기에 꿈에나 그리던 주자朱子의 나라 송나라이고 보니 금상첨화입니다.

심봉사는 시쳇말로 '등처가' 곧 마누라 등을 치며 먹고 살던 사람으로, 조선 끝자락을 살았던 다른 유학자들과 마찬가지로 민중의 등을 쳐 먹고 살던 인물은 아닐까요? 유학자들은, 그들이 할 줄 아는 것이라고는 글 읽기뿐이었으니 글을 잘 읽어 나라를 올바른 데로 이끌어야 했습니다. 그런데도 '공자왈맹자왈주자왈'만 되뇌다 나라를 엉뚱한 곳으로 끌고 가고 말았으니, 눈먼 사람이란 소리를 들어도 싸다는 생각이 듭니다. 그들은 제 처지도 모르고 공양미 삼백 석을 아무렇지도 않게 적었던 허풍쟁이들이었기에 '숭늉 마시고 이빨 쑤신다'는 비아냥이 돌았던 것입니다. 심봉사의 꼴이 어쩌면 이렇게 조선 끝자락에 살았던 유학자들의 꼴과 판박이인지 모르겠습니다.

그들의 겹침은 여기서 끝나지 않습니다. 조선 문화에 새로운 기운을 불어넣지 못해 조선을 불임不姙으로 만들었던 사람들이란 점에서 그들은 심봉사를 똑 닮았습니다. 게다가 심봉사처럼 "행실이 청렴하고 지조가 곧은"듯 하지만 사실 그들은 뒤로 호박씨를 까던 박지원의 〈호질〉에 나오는 북곽선생 같은 사람들이었습니다. "양반

네 집 종 아니면 상놈의 아낙네"이겠거니 여기고 여인네들과 음담
패설을 늘어놓는 심봉사의 수작을 들어보겠습니다.

> "천리 타향에서 힘들게 올라오는 사람더러 방아찧으라 하기
> 를 자기네 집안어른(자기 남편 — 저자)더러 하듯 하니, 무엇이
> 나 좀 줄라면 찧어주지."
> "애고, 그 봉사 음흉하여라. 주기는 무엇을 주어, 점심이나
> 얻어 먹지."
> "점심 얻어먹으려고 찧어줄까."
> 심봉사가 '하하' 웃으며,
> "그것도 고기지, 고기지마는 주기가 쉬울라고?"
> "줄지 아니 줄지 어찌 아나. 방아나 찧고 보지."
> "옳지, 그 말이 반허락이렸다."
>
> 정하영 앞의 책, 193쪽

'방아찧기'니 '그것도 고기지'하는 말장난을 두고 '해학'이라
할 수도 있을 것입니다. 하지만 이런 수작은 조선시대 체통 있는 집
안 출신이 할 수 있는 게 아닙니다.

이쯤 보고 나면, 심봉사라는 인물은 구체적인 한 개인을 가리키
는 말이 아니라 조선 끝자락에 살았던 어떤 유학자들의 전형이라
해도 지나친 말은 아닐 것 같습니다. 이런 짐작을 뒷받침할 만한 것
이《심청전》판본에 관한 것입니다. 우선《심청전》판본에 관한 정

하영 교수의 말씀을 간추려보겠습니다.

　　한문본 《심청전》은 전혀 없다가 1921년에 구한말의 관리였
　　던 여규형呂圭亨이 개작한 《잡극심청왕후전》이 유일하다. 이
　　점은 같은 판소리계인 춘향전이 10여종의 한문본을 갖고 있
　　는 것이나, 고전 소설 뿐만이 아니라 시가 설화까지도 대부분
　　한문본과 한글본을 동시에 가지고 있는 것에 비춰보면 매우
　　의아하다. 《심청전》 한문본은 조선 말기의 한문학자이며 정
　　통 관료의 입장에서 《심청전》을 어떻게 이해하고 평가했는
　　지를 살필 수 있는 작품이다.

정하영 앞의 책, 221쪽

　　이런 까닭으로 '심봉사는 누구인가'를 캐묻는 데 《심청전》 한문
본은 중요한 구실을 할 수 있습니다. 한문본 《심청전》과 서민의 소
리가 가장 잘 드러난 판소리계 《심청전》 완판본을 견주어보면, 한문
본을 펴낸 여규형의 의도가 잘 드러납니다. 그는 심봉사(한문본에서
는 그의 이름을 '학교學敎'로 적었다.)를 매우 그럴듯한 인물로, 그것도
1921년에 그리고 있습니다.

　　첫째 홧김이나 허풍떨다가 공양미 삼백 석을 약속하는 게 아니고
고매한 시주승의 합리적인 설득으로 약속한 점, 둘째 심봉사가 아
파 누워 있을 때 심청이 구걸하러 나가기 시작했다고 해서 아버지
가 어린 자식을 시켜 구걸하게 했다는 도덕적 책임을 벗겨준 점, 셋

째 심청이 인당수에 재물이 되러 간다는 사실을 마지막까지 모르다가, 한참이 지나 풍문으로 듣고 알게 되어 죽으려 했다고 이야기를 바꾼 점이 그것입니다.

> "심봉사는 점점 정신이 혼미해져서 세월이 가는 줄도 모르고 있다가, 희미하게나마 딸이 몸을 팔아 물에 빠져 죽었다는 소문을 듣게 되었다. 이웃 사람들에게 물어서 그 사정을 자세히 알고는 한번 부르짖고 기절하여 한참 만에 깨어났다. 가슴을 치면서 죽으려고 하니 뺑덕어미와 이웃 사람들이, 노인의 여생이 얼마나 남았다고 쓸데없이 슬퍼하고 그러십니까? 하고 말리니, 심봉사는 몸이 쇠약하고 귀가 얇아서 처음에는 다소 누그러지다가 점점 잊어버렸다."

같은 책 한문본, 274쪽

구한말 정통 관료의 입장에서 보았을 때, 판소리계 《심청전》에 드러난 심봉사라는 인물은 매우 껄끄러운 존재였음을 엿볼 수 있습니다. 심봉사의 꼴이 조선 유학자들의 모습을 암시한다고 그는 보았던 거지요.

조선이 심봉사와 같은 사람만 냈다면, 우리의 역사는 참으로 보잘것없이 되었을 것입니다. 다행히 우리 역사는 그렇지 않았습니다. 우리 역사는 그런 인물을 끌어안고 삭여서 풋풋한 생명을 낳아주었던 것입니다. 아비의 눈멂이 안쓰러워 아비의 눈을 뜨도록 하기 위해 제 몸을 제사상에 올려놓은 자식들이 조선의 역사에 생명을 불어넣었던 것입니다. 심학규가 조선 끝자락의 꼴 같지 않은 유학자들이라면, 그러면 저 꼴 같지도 않은 유학자의 눈을 띄워주려 제 몸을 바친 심청은 과연 누구일까요?

'심청이 곱다' '심청이 사납다' 는 말에서도 알 수 있듯이, 우리말에서 '심청' 은 사람의 마음을 뜻하기도 합니다. 여러분이 타고난 마음이고 또 제가 타고난 마음인 셈입니다. 눈먼 몸뚱이를 봉양하고 멀어버린 눈을 띄워주려 애태우던 심청의 마음이고, 함석헌 님이 말하는 '씨올' 이고, 사도 바울이 말하는 '속사람' 입니다. 본디 마음을 잘 간직하면 눈뜬 심청이고, 그 마음을 잃으면 눈먼 심학규가 아니겠습니까?

심학규도 타고나면서부터 눈이 먼 것이 아니라, 살면서 마음을 잃어버려 눈먼 심봉사가 된 것이지요. 그의 아내를 비롯해 민중들의 살이 이지러지고 뼈마디가 녹아나는 희생이 그로 하여금 책을 읽도록 해주었으니, 그는 책을 읽어 이지러진 민중의 살을 채워주고 녹아난 뼈마디를 더 단단하게 해주어야 했습니다. 그런데도 그는 책에 취해 공자왈맹자왈만 떠벌였으니, 이런 사람이 눈먼 사람이 아니라면 누가 눈먼 사람이겠습니까?

민중은 목숨을 바쳐 자신을 닮은 민중, 본마음의 심청을 태어나게 했으니 이땅에서 자기가 해야 할 구실을 다 한 셈입니다. 이제 그 자식을 키워야 할 텐데, 그 뜻깊은 일을 누가 해야 할까요? 책을 읽은 심학규와 유학자에게 맡겨진 일이 바로 그것이 아닐까요? 그래서 우리 옛분들은 육체적 힘을 쓰는 사람인 노력자勞力者 옆에 마음을 쓰는 사람인 노심자勞心者를 두었던 것입니다. 노력자였던 민중이 삯바느질·염색하기·약주 빚기 등등 손발이 다 닳도록 그를 먹여 살리고 자식을 낳아 주었으니, 이제는 노심자가 그 자식을 꼼꼼하게 키워내야 마땅한 일입니다. 그런데 노심자인 유학자들은 쓰라는 마음은 쓰지 않고 검은 글씨만 뚫어지게 쳐다보다 눈이 멀고 말았으니, 그 자식 키울 젖이 나올 턱이 있겠습니까? 제 몸 하나 제대로 건사하지 못하면서, 어떻게 다른 사람의 생명과 정신을 키워줄 젖이 나올 수 있겠습니까? 젖 나오는 이들을 찾아 젖동냥을 할 수밖에 없었을 것입니다.

사실 지난 200년 우리 역사는 젖동냥의 역사였다고 하겠습니다. 그동안 우리 민족은 수도 없이 많은 젖동냥을 했고, 그 동냥젖으로 많은 심청들을 길러냈습니다. 하지만 그 심청이 자라나 제 젖을 낼 때까지 기다리지 못하고, 헛욕심과 무지無知 등등으로 말미암아 우리의 심청을 죄다 역사의 제사상에 올려버리지 않았습니까? 정약용·정약종·최제우·최시형·전봉준·안중근·윤봉길·유관순·이육사·윤동주·이름 없이 죽어간 광복군·김주열·전태일·인혁당 사건으로 형장의 이슬로 사라진 분들·김경숙·빛고을에 빛을 주고 간 그분들·이재호·김세진·박종철·조성만·강경대·이한열 등등. 그 숱한 분들의 이름 하나 제대로 새겨두지 못했으니, 이는 뒷날을 사는 사람의 예의가 아니라 할 것입니다.

이렇게 많은 심청들이 우리의 역사 갈피갈피마다 돈을 새겨져 있건만, 우리는 여전히 젖동냥을 하러 다니고 있습니다. 젖동냥하러 다니는 사람 중의 하나인 저도, 그래서 머나먼 독일까지 가서 '내 자식 키울 젖 좀 주시오, 젖 좀 주시오' 했던 것입니다. '여기서 젖동냥의 역사는 끝나야 한다.' 그러기 위해서는 동냥젖으로 키운 자식들이 잘 자라나 어른이 되고, 그의 몸에서 다른 사람의 생명과 정신을 키우는 젖이 나와야 할 것입니다. 그렇게만 된다면, 젖이 나오지 않아 굶주리는 다른 민족에게 우리도 젖을 나눠줄 수 있지 않겠습니까?

그 날은 거저 올 리 없습니다. 우리가 지나온 역사의 발자취를 살피고 또 살펴, 거기서 참되고 아름다운 것을 고르고 가려내야 합니다. 하지만 그것만으로는 안 됩니다. 거기에 새것을 덧붙여 그 둘이 하나가 되고, 하나가 된 그것에서 빛이 나오고 젖이 나올 때에야 비로소 그날은 우리 곁에 다가올 것입니다. 옛일을 되돌아보는 것은 고통스러운 일이지만, 그렇다고 해서 돌아보지 않을 수 없습니다. 아프고 서럽지만 《심청전》을 통해 우리 역사를 되짚어본 까닭도 바로 그런 때문입니다.

심학규와 오이디푸스의 눈뜸

언제던가 연극 평론가 안치운 님이 눈먼 심학규와 눈먼 오이디푸스를 한 자리에 놓고 하는 얘기를 들은 적이 있습니다. 그 뒤로 눈먼 심학규를 떠올리면, 송곳으로 스스로 자기 눈을 찔러 눈을 멀게 만들었던 오이디푸스가 어김없이 제 머릿속을 채우곤 했습니다. 이 둘을 견주고 옛 그리스의 정신사를 살펴보면서 우리가 이루어내야 할 얼굴을 그려보겠습니다.

심학규가 누구인지는 앞서 이야기한 만큼, 이번에는 오이디푸스는 어떤 인물인지를 말해야 할 차례인 듯합니다. 잘 아시다시피 오이디푸스는, 자신이 주워온 자식이라는 사실을 다른 사람에게 우연히 듣게 되어 그 말이 참인지를 알기 위해 신탁을 들으러 성전聖殿을 찾아갑니다. 그런데 그는 기대했던 이야기는 듣지 못하고 차마 상상할 수도 없는 소리를 듣게 되었지요. "너는 아버지를 죽이고, 어머니와 잠자리를 할 운명이다"라는 가당치도 않은 청천벽력 같은 소리를 들었던 것입니다. 그래서 그는 그 몹쓸 운명을 벗어나기 위해 자기의 모든 것들이 깃든 집(고향)을 떠나고 맙니다.

문제는 아버지가 누구인지 어머니가 누구인지도 모르면서, 운명을 벗어던질 수 있다고 믿은 그의 당돌함입니다. 이런 당돌함만으로는 아무것도 바꿀 수 없을 것입니다. 그러니 일이 터질 수밖에요. 운명에서 벗어나게 해줄 길을 가고 있다고 믿고 있던 오이디푸스는, 신탁을 들으러 길을 떠나온 한 늙은이와 외길에서 맞닥뜨리게 됩니다. 서로 먼저 건너겠다고 실랑이를 하다가 결국 일이 벌어지고 말았지요. 그 늙은이야말로 오이디푸스를 낳아준 참 아버지건만, 아버지를 모르는 오이디푸스의 눈에 비친 그 노인의 모습은, 기운은 쇠하고 얼굴은 쪼글쪼글한 볼품없는 한낱 늙은이에 지나지 않았을 것입니다. 젊은 오이디푸스의 눈에 신의 소리를 들으러 가는 노인의 삶과 속사람이 보였을 리 없습니다. 그래서 그는 노인네에게 길을 비켜주지 않고 '제 힘만 믿고' 그 앞에 딱 버티고 선 것입니다.

저는 이 장면을 '신에게로 가는 길'과 어버이가 누구인 줄도 모르는 '설익은 젊음의 길'이 맞닥뜨린 것으로 읽고 있습니다. 이 절체절명의 맞닥뜨림에서 빼어난 젊은이들이 흔히 그렇듯, 그는 아킬레스만큼이나 힘이 세어 자기에게 맞부딪쳐 오는 여러 명을 단박에 때려누이고 '자기 나름의 길'을 갔습니다. 힘만 셌던 게 아니라, 오디세우스만큼 똑똑도 했던 모양인지 그는 그때까지 아무도 풀지 못하던 수수께끼를 풀고 아버지가 섰던 자리, 아버지가 누웠던 침대를 차지합니다.

이런 오이디푸스한테서 그리스 문화의 상징인 젊은 크로노스와 제우스를 저는 봅니다. 그들이야말로 아버지를 몰아내고 아버지의 자리를 빼앗았던 지들의 원조였습니다. 그들이 가는 길에 거치적거릴 것은 아무것도 없었습니다.

이런 '빼어난 젊은이'를 이상으로 가졌던 그리스가 빼어난 젊은이들의 잔치인 올림픽을 생각해냈던 건 마땅하다 할 것입니다. 빼어난 젊음 앞에서 늙음은 고개를 숙이고 자리를 내줘야 하는 것이 올림픽이 아닙니까? 그들의 이상이 '빼어난 젊음'에 있었다는 것을, 그들의 신화와 올림픽에서만 확인할 수 있는 게 아닙니다. 아테네 국립박물관에 즐비하게 진열되어 있는 옛 그리스인의 조각품들을 얼핏 보기만 해도, 그것을 통해 드러내려 했던 것이 '빼어난 젊음' 이라는 사실을 쉬 알 수 있습니다.

　운동경기는 그래도 괜찮겠지만, 문화는 그럴 수 없습니다. 그리스인들이 나중에야 똑똑히 알게 되었듯이, 뿌리를 부정하는 일은 당장은 활기차고 아름다운 것을 이루어내는 듯 보여도, 끝내는 재앙의 뿌리가 되기 때문입니다. 젊은 오이디푸스가 다스리는 그리스에 온갖 재앙이 넘쳐났다는 시인 소포클레스의 말은 바로 이를 두고 한 소리이겠지요. 뿐만 아니라 뜻있는 많은 그리스인들이 교만 즉 휘브리스hybris를 소리 높여 경고했으니, 빼어난 젊음만이 판치는 곳의 비극을 우리는 알 수 있습니다. '교만'은 빼어난 젊음만을 믿고 뿌리를 부정하는 자가 빠지기 쉬운 구렁텅이기 때문입니다.

　잘못 들어선 길을 벗어나기 위해 그들은 얼마나 많은 피눈물을 흘려야 했을까요? 그런 쓰라린 삶이, 《콜로노스의 오이디푸스》에서 늙은 오이디푸스의 삶으로 형상화되었다고 생각합니다. 봐야 할 것을 보지 못한 그들의 눈이었기에, 그들은 스스로 제 눈을 송곳으로 찌르고 정처없이 여기저기 떠도는 방랑의 길을 걸었던 거지요. 그들의 잘못된 눈을 써서 이루어낸 모든 것을 허물어버리고 가난한 늙은이가 되어 떠돌이로 살아갔던 것입니다.

　'오이디프스 이야기'라 하면, 많은 사람들이 프로이트의 해석을 마치 전부인 것처럼 여깁니다. 하지만 옛날 그리스에 널리 알려졌던 소포클레스의 비극에 비추어본다면, 프로이트가 읽어낸 오이디푸스는 '쪼가리(부분)'의 심화를 넘어서지 못합니다. 그럼에도 불구하고 부분을 전부처럼 여기는 까닭은 원전이나 이에 버금가는 글보

오이디푸스 작품이 공연되었던 야외

다는, 대개 이차, 삼차 저작을 읽는 우리의 지적 풍토에 있지 않나 싶습니다.

처절하게 옛 삶을 뉘우치고 옛 눈을 버리고 살았던 오이디푸스의 떠돌이 삶이 헛될 리 없습니다. 그래서 크로노스와 제우스 그리고 자신의 죄를 짊어지고 가는 어린 양 오이디푸스에게서 하늘은 거룩한 기운을 깨워낼 수 있었던 것입니다. 그 거룩함으로 인해 '그가 머물러 있는 땅은 그 어느 곳이 되었건 복된 땅이 되었고, 그곳에 사는 사람 모두 그 복으로 말미암아 복된 운명 속에서 삶을 누리게 된 것'으로 시인 소포클레스는 그리고 있습니다.《소포클레스 비극》, 천병희 옮김, 단국대학교 출판부) 저주받았던 삶이 복을 퍼뜨리는 씨앗으로 바뀌는, 그래서 신적인 눈을 갖게 되는 데에 무엇이 그런 구실을 한 것일까요?

눈을 뜨고 제대로 봤다고 믿고 있었지만, 참으로 봐야 할 것을 보지 못한 눈먼 자였다는 사실을 알아차리고 인정한 것이 그것 아닐까요? 다시 말해 그리스 한 신전에 새겨져 있던 "너 자신을 알라"를 똑바로 되새김질하고 옛 삶에 대해 처절하게 뉘우친 것이 오이디푸스에게서 복의 씨를 키운 게 아닐까요? 그래서 그의 죽음을 "비탄도 질병도 고통도 수반되지 않고, 어떤 인간의 그것보다도 더 경이로운 것이었다"(위의 책, 240쪽)고 그리스 시인은 노래했던 것입니다. 김상봉 선생도 늙은 오이디푸스가 드러내는 이 모습을 지복至福이라며 강조했습니다.

우리의 심학규가 눈을 뜬 것도 이와 다르지 않습니다. 쌀 삼백 석을 바치는 따위는 다 쓸데없는 일이었습니다. 밥을 빌어먹든 벌어 먹든 제 몸뚱이를 써서 살면서 그는, 밥벌이의 고달픔과 서러움을 뚜렷이 깨달았을 것입니다.

"어떤 맹인이오?" 하고 묻는 심황후에게, 그래서 그는 "저는 집이 없어 천지로 집을 삼고 사해로 밥을 부치어 떠돌아다니오니, 어느 고을에 산다고 할 수가 없다"고 답할 수 있었겠지요. 이전에는 언제나 도화동 사람이라고 했던 점을 떠올린다면, 자신이 뿌리 뽑힌 자임을 처음으로 바라봤다고 할 수 있을 것입니다. 뿐만 아니라 그는 "자식 팔아먹은 놈"이라고까지 고백했습니다. 자신을 제대로 볼 수 있게 된 것이지요. 그러면 그는 이제 눈뜬 사람이라고 할 수 있을까요?

아직도 깨달아야 할 게 하나 더 남아 있다고 이야기꾼은 말하고 있는 듯합니다. 자신을 수발들 사람으로 알고 종이나 다름없이 여겼던 심청이, 외려 자기가 수발들어야 할 황후라는 사실을 알아차렸을 때 비로소 그의 눈이 뜨인 것입니다.

사람이 눈을 뜨는 것은 그 한 사람에서 끝나지 않습니다. 곁에 있거나 멀리 떨어져 있는 눈먼 자들의 눈까지 뜨게 만드는 힘이 거기에는 있습니다. 심학규가 눈을 떴을 때, 그 자리에 모였던 모든 눈먼 자들도 더불어 눈떴다고 《심청전》은 우리에게 가르쳐주고 있습니다.

눈만 뜬 게 아닙니다. 자식을 낳아 뜻깊은 문화를 뒷날에 남겨놓을 수도 있었습니다. 심학규가 여든을 바라보는 나이에 자식을 낳았다는 것이 그 증거입니다. 천지신명께 빌지 않고도 아이를 낳았던 거지요. 아이의 이름을 '태동'이라 했으니 그 자식이 근원이 되

그리스인의 이상이 무엇이었는지를 알 수 있는 조각상
제우스 또는 포세이돈상으로 불린다.

기를 바랐던가봅니다.[이 글에서 참고한 판본은 "판소리계 이본을 대표하는 완판 71장본"(정하영 앞의 책, 13쪽)이다.]

빼어난 젊음이란 무엇인가?

남의 머리 꼭대기에 올라서려는 '빼어난 젊음'이 가진 비극을 젊은 오이디푸스에서 깨닫고, 땅 한 뙈기 없지만 복의 씨앗이 될 '복된 늙음'이 있다는 사실을 늙은 오이디푸스에서 깨달은 그리스인이었기에 그들의 정신은 더 깊이 나아갈 수 있었습니다. 그래서 그들은 제 몸을 이지러내는(희생하는) 데서만 드러나는 '거룩함' 즉 예수의 삶에 눈을 뜰 수 있었던 것이지요.

예수님은 아람어를 쓰는 히브리인이었지만, 그분을 제대로 만난 것은 그리스의 문화였습니다. 히브리 문화 속에 있던 '모세의 자식들'은 예수님을 십자가에 못 박았지만, 그렇게 죽임당한 예수님에게서 거룩함을 본 사람들은 그리스 문화 속에 있던 '늙은 오이디푸스의 자식들'이라는 것이 그 증거입니다. 또한 기독교의 틀을 잡은 사도 바울이 히브리어를 알고 있었는지가 불분명하다는 점과 그가 인용한 구약이 히브리어 성경이 아니라, 그리스어로 옮겨진 즉 '70인 번역 성경'이었다는 점이 그 두 번째 근거입니다. 마지막으로 단 하나도 빼놓지 않고 모든 신약성경이 그리스어로 이루어졌다는 점이, 그리스 문화를 통해서 예수님의 얼굴이 드러났다는 저의 말이 생뚱맞은 소리만은 아님을 밝힐 것입니다.

그리스인들은 거룩함이 무엇인지를 어떻게 느낄 수 있었을까요? 앞에서 보았던 사상적 나아감이 그들에게 없었더라면, 그들이 예수님을 만나기는 그리 쉽지 않았을 것입니다. '빼어난 젊음' 만으로는 '거룩함' 과 이어질 고리가 없기 때문입니다.

이에 대해 오이디푸스는 문학작품 속에 등장하는 하나의 인물에 지나지 않다고 하며, 제 의견을 마뜩찮게 여기실 분이 있을 듯합니다. 물론 맞습니다. 그렇지만 서양 문학의 핵심은 그리스 비극에 있고, 그중에서도 오이디푸스 한 작품에 있다고 김우창 선생께서도 말씀하셨듯이, 오이디푸스를 단지 문학작품 속의 한 주인공으로 여겨서는 안 된다고 생각합니다. 오이디푸스를 다룬 작품은 그리스인에게는 언제나 되돌아보고 되씹어보는 '정신적 양식' 이었기 때문입니다.

옛 그리스인들이 제우스와 늙은 오이디푸스의 얼굴을 일구어냈고, 사람의 아들人子이 가져야 할 참 얼굴을 예수님에게서 찾아냈다면, 우리 옛분들은 그러면 어떤 얼굴을 일구어냈을까요? 그리스인만이 빼어난 젊음을 넘고, 고운 늙음을 거쳐, 제 목숨을 바치는 거룩함에 이른 것은 아닐 것입니다. 저는 지금 조선의 한 선비가 스스로 그린 자화상을 떠올리고 있습니다. 거기엔 삿기私氣와 속기俗氣가 다 빠져 떳떳함과 당당함만이 남아 있습니다. '한 사람의 얼굴이 이럴 수도 있구나' 하며 몹시 놀랐기에, 제 속에서 문득문득 그 얼굴이 솟아올랐지요. 그리고 그 얼굴이야말로 조선의 감추어진 이상이요

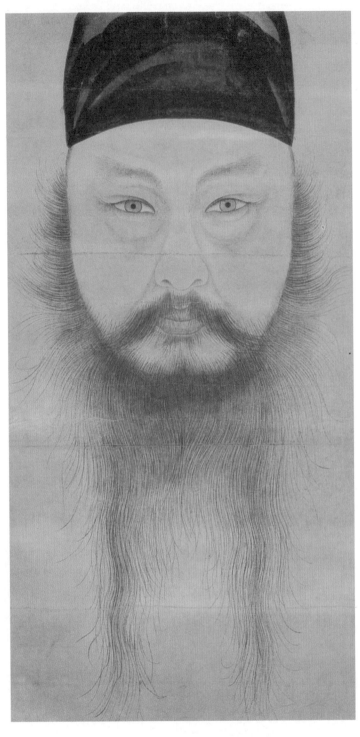

"하늘과 땅의 일을 거들어 그들과 함께 된다"는 글을
품고 살아 이루어진 당당하고 떳떳한 얼굴. 윤두서 자화상

꿈이었다는 생각에 이르게 되었습니다.

그렇다면 어떤 삶이었기에 그분은 그렇게 떳떳하고 당당할 수 있었을까요? 그것은 '하늘과 땅의 일을 거들고 있다'는 마음에서 생겼을 거라고 생각합니다. 조선의 선비들이 "하늘과 땅의 일을 거들어 그들과 함께 셋이 된다"는 《중용中庸》의 말을 깊이 새기고 있었다는 것을 우리는 잘 알고 있습니다.

우리 옛분들이 이상으로 여겼던 얼굴을 되잡아보면서 눈여겨봐야 할 것이 또 있습니다. '참으로 곱게 늙었다'는 말이 그것입니다. 연세 지긋하신 분께 이 말을 하는 것은 그분에 대한 더 없는 찬사였다는 걸 우리는 알고 있습니다. 거센 세파에 휩쓸리지 않고, 그렇다고 세상을 등지지도 않으면서, 거센 세파와 온갖 풍상을 다 겪고서도 고운 얼굴을 갖는다는 것이 얼마나 어려운 일이란 걸 알고 있기 때문입니다.

삶이 얼굴을 만든다는 것을 알고 있기에 우리는 '마흔이 넘으면 제 얼굴에 책임을 져야 한다'는 말을 하곤 합니다. 곱게 늙은 얼굴에서 우리는 그분의 떳떳하고 당당했던 그러면서도 모지락스럽지 않았던 삶을 알아차릴 수 있기에, 우리가 누군가에게 '참으로 곱게 늙었다'고 말하는 것은, 한 인물의 지나온 삶에 대한 더 없는 경의를 드러내는 것입니다. 옛 그리스인의 오랜 이상이 '빼어난 젊은이'였다면, 이렇듯이 우리의 이상은 '떳떳하고 당당함'에다가 '곱게 늙음'이 함께 어우러진 사람이었다 할 수 있을 것입니다.

뿐만 아니라 제 목숨을 바쳐 인仁을 이룬, 거룩한 분들의 얼굴을 우리 역사는 많이도 돈을 새겨놓고 있습니다. 우리 모두는 그분들이 누구인지 알고 있습니다. 우리 옛분들 또한 당당하고 고운 얼굴과 거룩한 얼굴을 가꾸었음을 알 수 있습니다.

그런데 한 가지 생각해야 할 것이 있습니다. '빼어난 젊음'을 거치시 않은 '늙음'이란, 자기가 쳐놓은 울타리 속만의 넛넛함이고 낭당함일 수 있기에 늙은이의 한갓 고집이자 주책에 지나지 않을 수도 있다는 점입니다. 그것을 우리는 나라를 빼앗기고 겁탈을 당하면서, 뼈가 저리고 피가 마르도록 느껴 잘 알고 있습니다. 그러니 우리 옛분들이 소홀히 다룬 '빼어난 젊음'을 이룰 교육이 이때 빠져서는 안 될 것입니다.

그래서 그런지 온 나라가 오로지 '빼어난 젊은이'를 만드는 데에 넋을 빼놓고 있는 듯합니다. 옛날에 걸었던 길과는 완전히 반대쪽으로 가는 길 위에 선 것이지요. 어디에서도 '고운 늙음' '나를 이지러내는 거룩함'을 찾는 소리는 들을 수 없습니다. '빼어난 젊음'만이 판치는 곳은 겉보기에는 아름다워도 속을 잘 뜯어보면 비인간적인 것들이 여기저기서 돋아나 재앙을 가져온다는 걸, 그 옛날에 그리스 시인들이 목이 쉬어라 경고했건만, 우리는 그런 말을 거들떠보지도 않고 있습니다.

그런데 지금 우리 속에서 횡행하고 있는 것들이 참으로 '빼어난 젊은이'라도 이루어낼 수 있는 것인지, 우리는 따져봐야 합니다. 빼

어난 젊음을 다듬어놓은 그리스 조각들을 보면, 거기에는 힘이 들쭉날쭉 있지 않고, 알맞게 잘 나누어져 군더더기가 없습니다. 음침하지 않고 밝고 당당합니다. 이는 빼어남이 갖기 마련인 특성이라 생각합니다.

지금 우리의 교육을 잘 받들면, 이런 젊은이가 될 수 있을까요? '그렇다'고 대답하기에는 이 같은 교육환경 속에서 자라난 저의 꼬락서니가 눈에 밟혀 차마 고개를 끄덕일 수 없습니다. 좀더 솔직히 말하면, 지금 우리가 이루려 하는 것은 '빼어난 젊은이'가 아니라 먹고 살기 위해 앞뒤 안 가리고 남의 머리 위에 앉아 군림하려는 '욕망과 권력의 덩어리'가 아니던가요? 내놓고 말은 하지 않지만, 칼자루를 휘두를 수 있는 자리에 올라서는 게 많은 사람들의 꿈이 아닐까요? 아니, 제 말은 수정되어야 합니다. 이제는 드러내놓고 권력추구를 말하고 있기 때문입니다.

대략 1년 전 쯤 그러니까 독일에서 돌아온 지 얼마 되지 않은 때 있었던 일입니다. 둘째라면 서러워 할 큰 은행에 들어선 저는 까무러치지 않을 수 없었습니다. 그 은행 한 가운데에 "늙으면 돈이 효자입니다"라는 막말을 버젓이 붙여놓고 있었기 때문입니다. 그때, 제가 독일로 떠나기 전 강남의 한 구청장 당선 소감이 "부자 되세요"였다는 사실이 퍼뜩 떠올랐습니다. '그 사이 이 지경까지 왔구나. 앞으로 어디까지 더 갈 것인가?' 가슴에 서글픔과 짠함이 흘렀습니다. 자본주의 사회에서 돈은 권력을 넘어 '신God'이 되었다는 걸 우리 모두가 알고 있으니, 그렇게 말해야 덕담이 되고 속이 시원해지는 것일까요? "복 많이 받으세요"가 "부자 되세요"란 막말로 바꾸고, "늙으면 돈이 효자입니다"를 내놓고 말하는 기막힌 때를 우리는 살고 있는 것입니다. 지금은 돈 많은 사람이 활개를 치고 있지만, 돈 많은 사람이 우리의 얼굴이 될 수는 없습니다.

그러면 우리가 일구어내야 할 새 얼굴은 어떤 빛을 띠고, 어떤 꼴을 해야 할까요? 빼어난 젊음을 건너뛴 늙음은 늙은이의 주책이 될 수도 있고, 제 몸, 제 나라 하나 건사하지 못하는 불쌍한 늙은이가 될 수도 있다는 사실을 우리는 잘 알고 있습니다. 그러기에 우리가 이룰 얼굴에서 '빼어난 젊음'을 빠뜨려선 안 된다는 것도 우리는 잘 압니다. 또 '제대로 된 빼어남'을 일구어냈을 때만, 우리의 고삐 풀린 권력욕을 붙들어맬 수 있다는 사실도 알고 있습니다. 물론 '고운 늙음'과 '제 몸을 이지러내는(희생하는) 거룩함'의 씨앗도 그 빼어난 젊음 속에서 싹을 틔우고 싱싱하게 자라나야 할 것입니다.

오늘을 사는 우리가 기다리는 사람은 사실 성인聖人입니다. 성인은 누구입니까? 하늘과 땅의 길을 제 나름으로 알아내 그 길을 제 갈 길로 삼을 뿐 아니라, 눈 못 뜬 사람에게도 보는 듯이 그 길을 느끼게 해주는 사람을 가리켜 성인이라 부르는 것이 아니겠습니까? 이런 사람을 두고 '빼어난 이'라고 하지 않는다면, 누구를 두고 그렇게 부르겠습니까? 하늘의 길과 땅의 길을 걷는 사람의 얼굴, 그 어떤 삿私되고 못된 것이 그의 얼굴을 더럽히고 그의 얼굴에서 고움을 지울 수 있겠습니까? 그의 삶을 보고서야, 하늘과 땅의 길이 어떠한지를 우리가 깨달을 수 있으니, 그의 삶을 복되고 거룩하다 해야 하지 않겠습니까?

하늘과 땅의 길은 어떻게 생겨났으며 어떤 꼴을 하고 있을까요? 애초부터 그 길이 있어서 우리가 품과 힘을 들여 찾아내야 할 길인지, 사람의 품과 힘이 들어갔을 때라야 비로소 하늘과 땅의 길이 생겨나는지를 밝히는 것은 철학자들의 몫이지만, 어느 쪽이든 간에 사람의 품과 힘이 들어가야 하는 것은 똑같습니다.

그런데 우리 옛분들은 그 길을 몇 구절의 도덕과 윤리로 다 덮을 수 있다고 여기셨던 듯합니다. 그럴 수 없다는 것을 이제 우리는 잘 알고 있습니다. 도덕과 윤리가 삶의 복판에 뻗어있는 길임엔 틀림없지만, 그 곁에 다른 길들이 숱하게 닦여져 있고, 놓여 있는 것도 틀림없는 사실입니다. 그 숱한 길들을 몇 구절의 윤리만으로 거머쥐겠다고 생각한 것은 오만이고 무지였습니다.

그렇다고 해서 지금처럼 도덕과 윤리가 천덕꾸러기처럼 여겨져서도 안 될 것입니다. 누가 무슨 말을 한다 하더라도, 교육은 인문人文을 밝히는 것이고 그것을 통해 제 인격을 닦는 것이기 때문입니다. 교육은 도덕적이고 인문적인 길을 밝히되 훈계와 설교, 도덕 덕목의 나열을 통해서가 아니라 인문학·자연과학·수학·예술 수업 중에 학생들 몸에 스며들고 배어들어 향기를 풍길 수 있도록 이루어져야 합니다.

김정환·강선보 선생님에 따르면, 현대 교육학의 아버지라 일컬어지는 존 듀이도 이와 비슷한 주장을 했다고 합니다.

"도덕교육의 문제는 '도덕'이란 한 교과의 문제가 아니고 바로 교육 전반 또는 교육의 본질 자체의 문제라는 게 그(듀이—저자)의 입장이다. …… 역사라는 교과에서 인류의 발달의 과정을 아는 것도, 지리라는 교과에서 인류의 상호 의존적인 삶의 방식을 아는 것도 또 수학이란 교과에서 수와 공간을 지배하는 아름다운 규칙을 아는 것도 훌륭한 도덕교육이 아닌가! 아니 이 방식이 더 훌륭한 방식이다. …… 이렇게 논하면서 그〈듀이〉는 도덕교육 삼위일체설을 제안한다. 그것은 학교의 생활이 사회의 생활과 일치되어 학교를 통해 사회성을 계발할 것, 어린이 개개인이 스스로 배우고 활동하면서 도덕을 익혀 갈 것, 모든 교과가 도덕교육과 관련을 가질 것이다."

《교육철학》, 145-156쪽

입만 열면 실용, 실용하는 분들이 있는데, 그분들은 실용주의자 존 듀이가 교육에 대해 이렇게 말했다는 것을 귀담아들어야 할 것입니다. 우리가 해야 할 교육은, 삶의 둘레와 복판에 놓인 또는 있어야 할 길들을 찾을 수 있는 눈을 뜨게 해주고, 그 길들이 서로 이어져 있음을 깨달을 수 있는 마음을 열어주는 것이어야 합니다.

배우고 가르치는 까닭은 이 대목을 벗어날 수 없습니다. 그래서 새로운 학교에서는 어떤 과목이 되었건 그것을 가지고 나중에 직업으로 삼을 것을 미리 '못박아두고' 학생을 가르치지는 않을 것입니다. 무엇을 직업으로 삼을 것인가는 오랜 배움과 헤아림 뒤에 판단

할 일이지, 아직 어설플 때 아무렇게나 못박을 수 있는 일이 아니라고 여기기 때문입니다.

곱고 빼어난 선비

이제 뜻있는 훌륭한 선생님들과 함께 팔 샘물을 마시고 이루어질 인간상을 밝힐까 합니다. 그 샘에서 어떤 물이 솟아나야 할지는 여태까지 한 이야기에서 자못 뚜렷해졌으리라 봅니다.

간추리면 저희들이 새롭게 판 샘에서 솟아난 물이, 학생들의 마음속에 들어가 학생마다에 심겨져 있는 곱고 빼어나고 거룩한 씨앗을 싹 틔워야 할 것입니다. 그리고 훗날 그들이 자신의 씨앗들을 잘 키워 열매를 맺고 잘 여문 씨앗을 남겨서, 그들을 '빼어나되 고운 선비'라고 사람들이 불리주는 데까지 이르리야 할 것입니다.

빼어남과 고움에 대해서는 앞에서 어느 정도 말했으므로, 여기서는 선비에 관한 이야기를 꺼낼까 합니다. 제가 선비를 거론하면서 마음에 두었던 것은, 사실 앞에서 말한 '하늘과 땅의 길을 밝히는 성인聖人'이었습니다. 그런데 성인이란 낱말 대신에 선비를 쓴 것은, 우선 선비란 우리 역사 속의 구체적인 얼굴이기 때문입니다. 또 성인이란 말은 소수의 사람만 이를 수 있고 나머지 사람들은 모두 그 성인의 말에 따라야 한다는 뜻을 역사 속에서 얻었기 때문에, 조금은 차별적인 느낌이 있기 때문입니다. 이에 반해 선비는 많은 사람들에게 열려 있는 인물상입니다. 물론 신분제의 그림자가 그 낱말에 덕지덕지 붙어있기는 합니다. 이 점은 이 시대를 사는 우리가 '선비상'을 재해석해서 다시 세워야함을 알려줍니다.

김정환 · 강선보 교수님께서도 이상적 인간상으로 선비상을 말씀하시면서, 잊혀진 선비상을 안타까워하셨습니다.

"민족은 민족문화에 다름 아니다. 그러면 민족문화 중에서 가장 귀한 것, 즉 민족문화를 담고 키워주는 핵심적 요소는 무엇인가? 바로 언어와 이상적 인간상이다. 우리의 경우, 그것은 한국어와 선비상이다. 그래서 저자는 이 둘을 민족문화의 꽃이자 뿌리라고 부르고 싶다. 한국어는 우리 문화를 담아 온 그릇이요, 하이데거의 표현으로는 '존재의 집' 즉 한국문화의 집이다. 또 선비상이라는 인간상은 그 문화를 키워온 주체요, 표상이다. 그런데 이 민족문화의 꽃들이 허울 좋은 민주화, 국제화, 세계화라는 정치구호에 가리워져 있다. 한심한 일이다."

《교육철학》, 김정환 · 강선보 공저, 384-385쪽

우리 역사 속에서 '빼어나되 고운 선비'로 살았던 분은 어떤 분들이 있을까요? 참으로 셀 수 없는 분들이 그런 얼굴을 하셨으리라 확신합니다. 여기서는 시간적으로 우리와 그리 멀리 떨어져 있지 않아 우리의 느낌이 닿을 수 있는 조선시대나 우리 시대를 살았던 분

들 가운데 몇 분의 이름만 올리고자 합니다.

썩은 나라를 헐어버리고 다시 터를 닦고 주춧돌을 놓았을 뿐 아니라, 새로 지을 나라의 밑그림을 그리고 얼개를 짜 조선을 500년이나 살아있게 한 정치인 정도전 선비. 한글을 만들어 우리의 넋과 정신을 뚜렷이 나타나게 하고 우리를 당당하게 제 발로 설 수 있도록 하신 임금 세종 선비. 이분의 빼어남은 앞으로 올 우리의 역사를 통째로 뒤덮을 큰 빼어남이라 생각합니다. 그 사람이 쓰는 말과 글이 그 사람의 인격을 이룬다는 점에서, 서정주 님의 말을 빗댄다면 우리 민족은 누구라도 '나를 형성한 건 팔 할이 한글이다' 라고 말하겠기 때문입니다. 나라가 홀라당 날아가버리려 했을 때, 자신의 분노와 섭섭함을 가라앉히며 우뚝 선 지식과 지혜 그리고 용기로 군과 민을 이끌어 나라를 지키신 군인 이순신 선비. 나쁜 제도가 위대한 한 인간을 어떻게 얽어매고 피를 말려 죽이는가를 몸과 시詩로 보여주신 허난설헌 선비. 한 사람 한 사람의 목숨과 건강한 삶을 위해 우리 민족이 밝혀낸 의학지식을 잘 갈무리한 의사 허준 선비. 우리의 눈길이 먼저 머물러야 할 곳이 민중들의 삶임을 빼어나게 그려 보이신 김홍도 선비. 한때 떳떳했던 헤아림思想이 시간 속에서 빛을 잃어버려 더 이상 떳떳한 헤아림일 수 없음을 보시고, 새 헤아림의 얼개를 짜셨던 학자 정약용 선비. 배고픈 사람들에게 창고를 확 열어젖히고 돈을 버는 목적이 무엇인가를 보여주셨으며 '바라는 게 무엇인가?' 라는 임금의 물음에 "금강산이나 구경하고 싶다"고 대답해서 재물과 권력에 찌들대로 찌든 우리에게 죽비를 내려친 기

눈물의 역사 속에서 '뜻'과 '씨을'을 보셨던 함석헌 선비

업인 김만덕 선비. 옛 것이 이미 뿌리까지 썩었음을 보시고, 새 생각
을 일구어내어 우리 역사와 세계 역사에 남을 단 한마디 '사람이 하
늘임'을 밝히셨던 종교인 최제우·최시형 선비. 우리 민족이 흘린
눈물이 헛되지 않도록 눈물 속에서 '님'을 보고, 그것을 우리말로
알려주신 시인이자 종교인인 한용운과 함석헌 선비. 깨끗함은 부끄
러움을 아는 데 있음을 깨우쳐주고, 우리말에 젊은이의 넋을 불어
넣어, 우리말이 맥없는 말이 되지 않도록 하신 청년시인 윤동주 선
비. 나라를 위해 애쓰는 것이 제 한 몸의 욕망을 채우기 위한 것이
아님을 보여주고, 나라가 있어야 할 까닭이 "사랑의 문화, 평화의 문
화"에 있을을 밝히신 정치인 김구 선비. 우리가 먼저 떠올려야 할
이웃이 억압받고 억눌린 분들임을, 제 몸 불살라 가르치신 일꾼 전
태일 선비. 사람이란 본래 당당한 존재임을 알려주기 위해, 그날 밤
공수부대원들의 총을 맞고 죽임당한 시민 윤상원과 다른 선비들.

어찌 이뿐이겠습니까마는, 이분들이야말로 우리 얼굴의 모범이 되
어야 할 빼어나되 고운 얼굴을 하셨던 분들이 아닐까요? 그래서 이
글에서는 이 분들의 직업이 무엇이었건 '선비'라고 부를 것입니다.

우리는 이 분들을 우리의 얼굴로 삼고, 거기에 새로움을 보태가
야 할 것입니다. 이런 얼굴이 나타나기 위해서는 한 사람 한 사람 속
에서 '다섯 씨'가 잘 싹 터야 할 것이라 생각합니다. 솜씨, 맵시(씨),
맘씨, 말씨(말의 씨), 글씨(글의 씨)가 바로 그것인데, 이건 우리 옛분들
이 크게 키우고 잘 가꾸려 애쓰셨던 씨앗입니다. 다섯 씨를 키우는
일이 교육의 고갱이임을, 다음 글에서 설핏설핏 보여드리겠습니다.

다섯 씨 키움터에서
펼쳐질 공부

다시 샘을 파는 마음으로

무엇을 어떻게 가르치고 배울 것인가?

언어 마당

헤아림 마당

예술 마당

삶 마당

다시 샘을 파는 마음으로

신유박해 이후 옛분들이 팠던 샘이 막히기 시작해 나라를 빼앗긴 지경까지 이른 뒤부터, 여태껏 우리는 그 샘을 거들떠보지도 않고 목마를 때마다 미국, 유럽으로 건너가 제 목을 적셨습니다. 그리고 는 남은 물을 조금 들고 와, 물을 건너갔다 오지 못한 사람들에게 나 누어주곤 했습니다. 그런 다음 그들 위에 군림하였죠. 그래서 어떤 분야가 되었건, 제대로 된 우리의 샘을 갖지 못한 게 우리의 현실입 니다.

그렇다고 막힌 옛 샘을 그대로 다시 팔 수도 없습니다. 그 샘은 '그때 사람들'의 목마름을 가시게 해줄 수는 있었겠지만, '지금 사 람들'의 목마름을 적셔줄 수는 없기 때문입니다. 그렇다고 언제까 지 목마를 때마다 미국으로 유럽으로 달려갈 수도 없는 노릇입니 다. 그들은 언제나 자기 몸에 알맞은 샘을 파는데, 거기서 나온 샘물 이 어떻게 우리의 목마름을 없애줄 수 있겠습니까? 그러니 우리도 마을 마을마다에서 우리 몸에 좋은 샘을 파야 할 것입니다. 음악 동네에서도 미술 동네에서도 철학 동네에서도 종교 동네에서도 과학 동네에서도 의학 동네에서도 교육 동네에서도 마찬가지일 것입니다. 샘 파기는 좋은 뜻만으로 되는 게 아니고, 거기에 쓰일 연장과 그 연장을 다룰 재주와 힘이 있어야 하기에, 오랜 시간의 공과 품을 들여야 할 수 있는 일입니다.

'그 사람 가학家學이 있다'는 옛말이 있습니다. 생각해보면 요즘 사라진 것 중 하나가 가학家學이라는 말인 듯합니다. 이 낱말은 요즘 흔히 쓰는 '가정교육'이란 말과는 다른 것으로, 집안의 학문적 분위기 속에서 아주 어린 꼬맹이때부터 어깨 너머로 학문적인 것을 보고 듣고, 실제로 이를 테면《천자문》과《명심보감》은 물론《논어》나《맹자》같은 중요한 책을 집안 어른들로부터 배우던 공부를 두루 이르는 말입니다. 물론 지금도 가학이라 말할 수 있는 것, 예를 들어 숙제를 할 때 도움을 준다든가 책을 읽어준다든가 하는 것이 없지는 않지만, 옛 가학에는 턱없이 못 미친다는 것은 분명한 사실입니다. 가학이 사라진 것은 현대 산업사회의 특징, 어른들이 집 밖에서 대부분의 시간을 보내야 하고 그것도 매우 바삐 돌아다녀야 하는 데에 그 까닭이 있으리라 생각합니다.

그런데 빼어난 옛분들 중 가학이 없었던 분을 저는 거의 알지 못합니다. 이 같은 사정은 서양의 경우에도 별로 다르지 않았던 듯싶습니다. 한 문화를 걸머지기 위해서는 오랜 시간이 필요하다는 점을 떠올린다면, 마땅히 그럴 것이라 생각합니다.

우리가 살고 있는 이때, 우리가 해야 할 일은 참으로 많지만, 새 문화를 일구어낼 일꾼을 기르는 것만큼 중요한 일도 없습니다. 이 것을 제대로 이루기 위해서는 그에 맞는 가르침이 있어야 할 것이 고 또 때를 놓치지 않아야 합니다. 뛰어난 옛분들 거의가 가학이 있 었던 걸로 봐서, 어린 시절의 공부는 무척 중요합니다. 그런데 지금 은 과거와 같은 가학이 이루어질 수 없는 때라는 점을 잘 알기에, 어 리지만 공부를 시작할 수 있는 초등학교 1학년부터 '다섯 씨 틔우 기'를 시작하려 합니다. 이들은 새로운 학교에서 고등학교 3학년까 지 자란 다음, 각자 바라는 대학의 학과로 나아갈 것입니다. 그러나 현실적으로 첫 해부터 모든 학년을 둘 수는 없을 터이고, 처음에는 초등학교 높은 학년을 두고 시작해야 하지 않을까 생각합니다.

새로운 터에서 자라날 모든 학생들이 빼어남에 뜻을 두기를 바라 는 마음입니다. 이 터에서 커가는 동안 아이들은 자신이 어떤 마당 에서 빼어날 것인지를 찾아낼 것이고 또 그 빼어남에 필요한 것들 을 넉넉히 갖출 것입니다. 이들이 가슴에 품는 빼어남은 서울대학 교를 목표로 삼아 서울대학교에 들어가는, 그런 오종종함과 좀스러 움은 아닐 것입니다.

성균관 대학생이었던 스물두 살 젊은 나이에 정약용 선비가 정조 앞에서 조선과 중국의 유학사儒學史를 꿰뚫으며 사단칠정론에 관한 당신의 견해를 당당히 폈던 말의 빼어남. 그 젊은 나이에 조선이 나 아가야 할 길에 관해 도도하게 써내려갔던 이이 선비가 보여준 글 의 빼어남. 그 옛날 청자를 빚어낸 솜씨의 빼어남. 군살이 조금도 붙

아름다움은 바로 이런 꼴을 하고 있다. 금동미륵보살반가사유상, 국립중앙박물관 소장

지 않고 그렇다고 마르지도 않은 금동미륵보살반가사유상이 드러
내는 맵시(씨)의 빼어남. 그리고 최제우, 최시형 선비가 느꼈던 "사
람이 하늘이다"라는 마음의 빼어남. 이런 빼어남이 우리 학생들 마
음을 이끌 것입니다.

　이런 빼어남을 가졌던 우리인데, 지금 우리는 이것을 이상으로도
갖고 있지 못합니다. 너무도 긴 세월 동안 문드러지고 잊혀져버린
얼굴이기에, 이제는 그 윤곽마저 흐릿해지고 말았습니다. 모든 교
과목이 '다섯 씨'를 길러야겠지만, 특히 책읽기와 한문은 말씨(말의
씨)와 글씨(글의 씨)를, 미술과 손재주는 솜씨를, 몸기르기는 맵시
(씨)를 그리고 모든 교과목이 마음씨를 길러야 할 것입니다.

무엇을 어떻게 가르치고 배울 것인가?

앞 꼭지에서 저는 《심청전》을 통해 우리 역사의 한 자락과 우리의
얼굴이 어떠해야 하는가를 말씀드렸습니다. 고난의 역사 속에서 우
리의 옛 문화는 다 깨져버렸습니다. 뛰어난 선비들이 우리 역사를
온몸으로 껴안았지만, 그럼에도 뜻깊은 새 문화는 여태까지 생겨나
지 않았습니다. 그러므로 이때, 이땅에서, 무엇보다도 앞서 이룩해
야 할 것은 '뜻깊은 새 문화'를 일구어내는 것이 아닌가 합니다. 그
런데 사람이 길러지지 않고서는, 뜻깊은 문화는 생겨나지 않습니
다. 그래서 저희는 이것을 일구어낼 사람들을 길러내기 위해 다음

내용들을 함께 배우고 가르치려 합니다.

언어 마당

● 우리말

특별히 가르칠 필요가 있는 것도 아니고 웅변이 필요한 시대도 아닌데, 무슨 말을 가르치겠다는 것이냐며 마뜩찮아 할 분이 계실지 모르겠습니다. 조리 있게 말을 하도록 가르치겠다는 뜻으로 제 말을 받아들이는 분도 있을 것입니다. 하지만 제가 염두에 두었던 것은, 조리 있게 하는 말보다는 낱말 하나하나를 가능한 한 충분히 느끼고 그 느낌에 따라 소리내는 것을 가르치는 것입니다.

우리말은 너무도 많은 낱말을 중국과 일본에서 빌려다 쓰고 있습니다. 중국말은 성조를 대수롭게 여기지 않고 발음하면 완전히 딴 말이 되거나 세상에 없는 말이 됩니다. 그런데도 우리는 중국말에서 성조 즉 '제대로 된 소리'는 쏙 빼놓고 글자와 뜻만을 뽑아 쓰다 보니, 소리는 같은데 뜻이 다른, 이른바 동음이의어가 우리말에 너무 많습니다. 사실 성조가 빠진 한자는 중국 글이기는 하지만, 중국말도 아니고 또 그 어느 나라 말도 아니라고 보는 게 옳습니다.

이런 까닭과 한자어가 지닌 시각적 특성 그리고 말보다 글을 윗길에 놓았던 옛 문화로 말미암아 어떤 말을 들으면 우리는 그 소리 자체가 전해주는 느낌보다는 그 소리가 지시하는 대상으로 향하기

일쑤입니다. 어떤 낱말이 입 밖으로 나오건, 그 낱말이 지시하는 대상과 뜻이 먼저 드러나기는 할 것입니다. 하지만 그것만으로 그 낱말이 다 드러난 것은 아닙니다. 아니 그 낱말의 속살은 여전히 드러나지 않은 채, 꺼풀 속에 가려져 있다고 해야 할 것입니다. 소리 자체가 퍼뜨리는 느낌이 여전히 드러나지 않았기 때문입니다. 말소리가 울리는 느낌에 가 닿지 못하면서도, 섬세한 마음을 가질 수는 없습니다.

소리가 퍼뜨리는 느낌에 예민하게 마음을 기울이는 이들은 시인입니다. 하지만 소리가 짓는 느낌을 느끼는 것이 좀더 사람다운 삶 즉 인문적인 삶을 사는데 빼놓을 수 없는 일이라면, 그것은 시인만이 아니라 보통 사람들도 그 점에 마음을 기울여야 할 것입니다. 소리가 짓는 느낌에 우리나라 사람들이 섬세하게 따라갈 수 있을 때 비로소 우리에게서 빼어난 시와 문학이 가능하지 않나 싶습니다. 말소리에 섬세하지 않은 채, 문화가 단단히 여물 수는 없기 때문입니다.

물론 말에서 그것이 뜻하고 지시하는 것을 소홀히 할 수는 없습니다. 그렇지만 거기서 머문다면 섬세한 마음은 길러지지 않습니다. 말의 의미만이 아니라 말소리가 지어내는 것도 섬세하게 느낄 수 있어야 합니다. 이런 마음을 기르기 위해 우리는 어떤 낱말을 소리내면서 그 소리에 어울리는 몸짓을 할 것입니다. 보기를 든다면, 공중에 나무 막대기를 띄워놓았다가 '확' 낚아채면서 '확' 소리를 낸다든지 두 손으로 '알' 모양을 지으면서 '알' 한다든지 하는 식입

'나를 키운 건 팔할이 한글이다.' 최근 디지털로 복원된 훈민정음 언해본. 문화재청

니다. 우리말에선 음보가 중요하니까, 3음보 가락의 시를 배우면서 실제로 세 걸음 떼면서 읊어보는 것 등입니다. 물론 모든 낱말들에서 그에 걸맞은 몸짓을 찾을 수 있다고는 생각지 않습니다.

낱말들이 모여 이룬 것 즉 한 구절을 말할 때는 어떤 낱말을 세게 하고 어떤 낱말을 약하게 할 것인지, 그 속에 들어 있는 리듬은 어떤 것인지를 몸으로 느끼는 수업이어야 합니다. 주제와 뜻 위주의 시詩 공부가 아니라, 소리 위주의 시 공부라고 여기면 쉽게 이해될 것입니다.

말소리를 잘 짓기 위해 우리는 동시 · 동요 · 민요 · 현대시 · 시조 · 가사 등에서 두루 뽑아 쓸 것이고, 이 교육을 글짓기에 빗대 '말새짓기'라고 이름을 붙여봅니다. 말새짓기에 특히 빼어나고 재미를 느낀 학생은 시인이나 작곡가가 되겠지요. 다른 것에 더 재미를 느껴 다른 쪽으로 간 학생들도 훗날 이들이 어떤 마당에서 삶을 꾸린다 할지라도, 함부로 말하며 살지는 않을 것입니다.

가령 외국말을 우리말로 옮길 때, 빈곤하기 짝이 없는 한자 실력이면서도 굳이 한자를 써서 옮기는 사람은 되지 않을 것입니다. 또한 우리말이기는 하지만 서양 말새에나 어울리는 곡조의 노래가 아니라, 우리 말새에 맞는 진짜 우리 노래를 부를 거라 생각합니다. 그래서 그들이 짓고 하는 모든 말은 참으로 우리말이란 느낌을 느끼게 하겠지요. 이런 사람들이 많아질 때에야 비로소 우리는 줏대(주체성) 있는 민족이 될 것입니다.

● 영어(외국어)

'어떻게 영어를 배우고 가르칠 것인가?' '영어를 공부해야 하는 까닭은 무엇인가?' 라는 물음은 생뚱맞게 들립니다. 누구나 빤히 알고 있는 것을 묻고 있다고 여겨서 그럴 것입니다. 영어몰입교육이니 기러기아빠니 원정출산이니 펭귄아빠니 하는 말들이 모두 영어 교육과 관련해서 나온 말들이기에 그럴만도 합니다. 하지만 위의 말들이 어느 정도는 바람직하지 못한 뜻으로 쓰이고 있다는 점에서, 맨 처음으로 돌아가 영어를 공부해야 하는 까닭을 다시 살펴보는 것도 나쁘지는 않을 것입니다.

그런데 '영어를 공부해야 하는 까닭' 을 묻기 전에 '외국어를 공부해야 하는 까닭'을 먼저 물어야 할 것입니다. 그런 다음, 하필 영어인가라고 묻는 게 바른 순서일 것입니다. 영어가 아무리 힘이 센 언어라 할지라도, 질적인 면에서 보았을 때 다른 언어와 어깨를 나란히 하고 있는 게 또렷하기 때문입니다. 이런 순서를 밟지 않았기에, 우리는 영어를 다른 언어와는 동떨어져 있을 뿐 아니라, 다른 모든 언어 위에 있는 것처럼 여기고 있는 건 아닐까요? 이제 제대로 물어보도록 하지요.

'외국어는 왜 배워야 하는가?' 여행을 가기 위해, 외국인 친구를 사귀기 위해, 장사를 하기 위해, 또는 지적 호기심을 채우기 위해서일 수도 있고, 교양인이 되기 위해서일 수도 있습니다. 그렇지만 우리는 사사로움에 뿌리를 둔 관심이 아니라, 공공적인 것에 닿아 있는 것을 찾아야 합니다. 지금 우리는 학원에서 배우는 외국어를 두고 말하고 있는 것이 아니라, 공교육에서 배우는 외국어를 두고 말하고 있기 때문입니다.

외국어를 배워야 할 까닭을 밝히기 위해서는 모국어와 견주어보았을 때 드러나는 외국어의 성격을 살펴보는 것이 좋을 것입니다. 피히테Fichte는 "인간이 언어를 만드는 것이 아니라 언어가 인간을 만든다"고 했습니다. 이 말에 따른다면 외국어는 내 쪽에서 보았을 때 가장 낯설고 먼 사람을, 내 안에 길러주는 것입니다. 쉽게 말해 외국어를 배우는 것은 나와는 전혀 다르고 낯선 사람을 내 속으로 받아들이는 것입니다.

낯선 것 특히 낯선 사람을 만나 그를 이해하려면, 나는 '내 언어로 표현되는 나'를 말랑말랑하게 만들어 새로운 것을 받아들일 수 있는 상태가 되어야 합니다. 심지어는 잠깐 동안이라도 나를, 즉 내 언어를 한 켠으로 밀어놓기까지 해야 합니다. 그렇지 않으면, 나는 낯선 사람 즉 외국어를 배울 수 없습니다. 어린 아이들이 외국어를 잘 배우는 까닭도 여기, 즉 자기를 고집하지 않는 데서 찾을 수 있습니다. 헤겔Hegel도 독일 사람들이 고대 그리스어와 라틴어를 배워야 하는 까닭을 "정신발달의 촉매로서 타자적 의식이 불가결하다"는 점에서 찾았다고 합니다.

물론 나를 밀쳐놓는 상태에 언제까지나 머물러서는 안 됩니다. 거기에 머물러버리면, 나는 나를 잃기 때문입니다. 그래서 나를 잃기 전에 되돌아와야 합니다. 돌아온 나는 이제 옛날의 나도, 그렇다고 옛날을 잊어버리고 사는 나도 아닙니다. '새로운 나'가 된 것이지요. 김우창 선생께서도 《지상의 척도》에서 "문체는 사람이고, 더 확대하여 언어는 사람이다. 새 언어를 창조적인 표현의 수단으로 삼는다는 것은 새 사람이 된다는 것이다"(162쪽)라고 했으니, 위에서 밝힌 저의 말이 영 볼품없는 소리는 아닐 것입니다.

'새로운 나'는 '어제의 나'가 아니라는 점만을 말하고 있는 것이 아닙니다. 그보다는 '어제보다 더 깊어진 나, 어제보다 더 넓어진 나'라는 말이 더 어울리겠지요. 그렇지 않다면, 여기 저기 기웃기웃하며 어정거리는 뿌리 뽑힌 자에 지나지 않을 것입니다. 그래서 김우창 선생께서는 또 다른 책 《법 없는 길》에서 다음처럼 말씀하셨습니다.

> "교육과 연구의 실제적인 문제를 생각함에 있어서 중요한 것은 ……(중략)…… 외국어 문학 또는 서양 어문학의 우리 문화에 있어서의 의의나 목적에 대하여 바른 이해를 갖는 것이다. 되풀이하건대, 그것은 정신의 보편성을 향한 자기 훈련의 일부가 될 수 있어야 한다. 즉 교양의-장식적 의미에서가 아니라 공민 교육의 이념의 하나로서의 교양의 일부가 되어야 한다는 말이다"
>
> 《법 없는 길》, 314쪽

외국어 공부가 정신의 보편성을 향한 자기 훈련이라는 소리는, 발도르프학교의 외국어 수업 입문서라 할 수 있는 《어떻게 외국어를 배우는가?》에도 잘 나와 있습니다. 이 책 27쪽에 있는 글을 따오겠습니다.

> "언어가 사고를 형성하고 세계를 부여하는 심급인 것처럼
> ……(중략)…… 언어가 어떤 편협성을 만드는지, 예를 들어 어
> 떻게 국가적 허영과 폐쇄된 세계상을 만들어가고, 어떻게 쇄
> 국정책을 뒷받침하는지에 대하여 역사에서 적잖은 예를 찾
> 아 볼 수 있다. 그러나 국어國語의 특징을 지니는 지각, 사고
> 판단과 행동의 방향 설정 체계에서 벗어나면 이런 위험에서
> 도 어느 정도 벗어날 수 있다."

이제 뚜렷해졌습니다. 외국어를 배우는 까닭은, 어느덧 굳어져 딱
딱해져 버린 나를 이루고 있는 것들을 풀고 더욱 더 보편적인 정신
속으로 들어가자는 데 있습니다. 이 점을 가슴에 새기고서, 그 많은
외국어 중에서 '왜 하필 영어인가?' 를 묻도록 하지요.

현실적으로 영어가 국제어라는 점이 당장 떠오를 것입니다. 이
세상에 있는 그 모든 언어를 다 배울 수는 없기에, 그중에서 한 두
언어를 고를 수밖에 없습니다. 그때 맨 먼저 잡는 잣대가 '어떤 언
어가 가장 일반적인가' 일 것입니다. 이때 우리는 어쩔 수 없이 어떤
언어가 가지는 현실적인 힘에 눈길을 주지 않을 수 없겠지요. 그렇
다고 이런 판때림(決定)이 온통 세속적인 이익에서 나온 것이라고는
할 수 없습니다. 그것이 부정적이든 긍정적이든 간에, 이 시대를 꿰

뚫고 있는 정신과 문화가 그 언어에 모여 있기 때문입니다. 이런 까닭에 김우창 선생님의 말은 새겨둘 만합니다.

"서양 문학의 보편성은 지금 단계에서 공정하게 평가될 수 없는 것이다. 필요한 것은 보편성 비판이다. 그럼에도 불구하고 다른 한편으로 서양문학의 세계적 패권은 의심할 여지가 없다. 그리고 오염과 왜곡 또 허위의식에도 불구하고 이 패권이 반드시 국제 정치상의 패권에 의해서만 설명될 수 없는 것도 사실일 것이다. 그것은 틀림없이 어떤 종류의 보편적 호소력을 가지고 있으며, 우리의 결여사항을 보완해주는 요소를 가지고 있는 것으로 생각되는 것이다."

《법 없는 길》, 297쪽

여기서 말한 서양문학을 영어 또는 영문학으로 옮겨도 큰 잘못은 아닐 것입니다. 영어를 배우는 까닭은 이것 말고도, 영어를 징검다리로 삼아 다른 언어를 설핏이나마 만나볼 수 있다는 점도 있습니다. 물론 돈을 가지고 어떤 물건을 살 수 있다고 해서 돈이 그 물건이 아닌 것처럼, 영어를 통해서 다른 언어를 만날 수 있다고 해서 영어가 그 언어를 대신할 수 없다는 점도 또렷하지만 말입니다.

간추려보면, 나를 아집에 사로잡히지 않는 사람이 되게 하는 데에 낯선 외국어 공부가 아주 좋은 길이라는 점, 그 언어 속에 들어있는 보편정신 그리고 그 언어를 통해 다른 언어를 만나기가 쉽다는

69

점이 영어를 공부하는 까닭입니다. 이제, 이런 것들을 이루기 위해선 어떤 식의 영어 교육이어야 하는가를 말해야 할 차례가 되었습니다.

우리나라에서 영어공부는 바야흐로 범람 수준에 있습니다. 그러니만치 영어공부 방법론에 관한 목소리도 각양각색입니다. 그것들을 거칠게나마 한 마디로 모은다면 '감각적인 재미'가 아닐까 합니다. 맞는 말입니다. 어린 학생들에게는 특히 그렇습니다. 하지만 감각적인 재미만 가지고 영어공부를 하다보면 영어의 속살을 느끼지 못하고 영어의 거죽만 가지고 놀게 될 수도 있습니다. 그렇다고 배우는 사람의 수준은 제쳐둔 채 의미심장한 것만을 다뤄서도 안 될 것입니다. 배우는 사람의 나이에 맞추면서도, 영어와 영어를 쓰는 사람들의 정신성을 가르쳐주는 작품은 얼마든지 있지 않을까요? 초등학교 2, 3학년들도 받아들일 수 있으면서, 한글의 아름다움을 온전히 품고 있는 작품이 우리에게 있는 것처럼 말입니다.

소는 다섯 살이면 새끼도 많고,
까치는 다섯 살이면 손자도 많다.

옛날 옛적 사람들은
다섯 살이면
논어도 곧잘 배웠다 한다.

우리도

70

다섯 살이나 나이를 자셨으면
엄마는 애기나 보라고 하고
ㄱㄴ이라도 부즈런이 배워야지
그것도 못하면 증말 챙피다.

서정주, 〈다섯 살〉

이 정도 시라면 틀림없이 2, 3학년도 재미있어 할 것입니다. 아홉 살, 열한 살 먹은 제 아이들도 재미있어 합니다. 이 정도로 쉬운 말을 가지고 어법에 맞게, 그러면서도 한 낱말을 거푸거푸 써서 리듬과 운율을 느끼게 하고, 마지막으로 재미까지 돋우는 영어 시는 없을까요? 틀림없이 있을 것입니다. 영어공부를 통해서, 어린이들이 이처럼 좋은 작품을 만날 수 있어야 합니다. 리듬에 맞추어 읊기, 몸짓을 하면서 읊기, 모둠으로 나누어 주고받으며 읊기 등의 방법을 거치면, 이 정도에 헉헉 댈 학생은 별로 없을 것입니다. 앞에서 소개한 발도르프 수업 입문서도 비슷한 얘기를 하고 있습니다.

"처음 수업을 받는 아동은 외국어를 아주 충만하게 체험하는 기회를 갖는 것이 좋다. ……(중략)…… '충만'이란 어떤 언어의 표현 범위에서 대단히 넓은 폭을 의미한다. 일상어, 예술적(형태를 갖춘) 언어, 민족적인 것, 노래, 운문 시, 어린이 놀이 등을 뜻한다. ……(중략)…… 교수 방법론적 근본을 이루는 사고, 즉 '쉬운 것에서부터 어려운 것으로'의 원리를 꼭 따를

필요는 없다. 축소된 외국어를 제공하는 것이 아니라, 위에
서 언급한 '충만함'을 제시해야 한다."

《어떻게 외국어를 배우는가?》, 38-39쪽

그런데 위의 말을 받아들이자마자 이런 물음이 터져 나올 것입니
다. 그 좋은 작품들이 모아진 것을 어디서 찾느냐고. 그렇습니다.
영어공부라면 물불을 안 가리는 한국에 없는 게 이것입니다. 영어
와 한국어에 두루 빼어난 사람들이 모여 해야 할 일이겠지요? 한 가
지 안심할 만한 것이 있습니다. 영국이나 독일 발도르프학교에서
모아놓은 것들 중에 쓸 만한 게 많을 거라는 믿음이 그것입니다.

영어를 배웠으니 영어로 말을 나눌 수 있어야 합니다. 어떤 언어
가 되었건 소리가 주는 울림을 섬세하게 느낄 수 있었을 때, 그 언어
를 제대로 안다고 할 수 있기 때문이지요. 그러니 영어로 말을 나눌
수 없다는 것은 영어를 제대로 아는 게 아니라고 해야 옳습니다. 그
래서 영어수업은 처음에는 우리말과 영어를 섞어서 공부해야겠지
만, 영어만 쓰는 데로 사뿐사뿐 나아가야 합니다.

낮은 학년 때는 놀이와 노래로 영어와 낯을 트고 지내다가 걸음
걸음 나아가 영어와 가까워지면, 알파벳을 배웁니다. 이때 무턱대
고 알파벳 쓰기를 배우는 것이 아니라, 그림을 통해 배우는 것이 좋
습니다. 75쪽 그림에 나와 있듯이 L을 등불그림을 통해(독일어로 빛은
Licht, 영어는 Light) 익히는 것이 그 예입니다. 그 다음엔 영어로 연극도
하고 영어 책도 읽는 게 좋습니다. 연극을 할 때는 역을 서로 바꿔가

면서 맡아함으로써, 영어와 더 많이 만날 수 있을 것입니다. 뿐만 아니라 역을 바꿔함으로써 맡은 역에 따라 우쭐해지는 학생도 풀이 죽는 학생도 없을 것입니다. 희곡이 영어권의 글쓰기 중 빼놓을 수 없는 문학이라는 점을 떠올린다면, 연극을 하는 까닭이 매우 탄탄하다는 것에 맞장구를 치실 것입니다.

그런데 이때 놓쳐서는 안 될 게 있습니다. 영어로 말을 나눌 수 있는 능력을 높이 침에도 아니 그것을 높이치기에, 이른바 실용영어를 위주로 해서는 안 될 것입니다. 실용영어를 위주로 하면, 학생들은 마치 그것이 영어를 배우는 까닭이라도 되는양 여길 것입니다. 이것은 학생들에게 매우 나쁜 기운을 뻗칩니다. 김우창 선생의 말을 한번 더 들어보도록 하겠습니다.

"중고등학교는 물론 대학교육까지도 소위 실용영어(무엇에 실제 쓰인다는 것은 밝히지 않은 채 막연히 관광요원, 해외파견 회사원 등의 편의가 그 기준으로 생각된다.)를 주된 내용으로 해야 한다는 주장이 등장한다. ……(중략)…… 이러한 어문학에 대한 접근이 말이 안 되는 것은 아니다. 영어교육을 받았으면, 영어를 말할 줄 알고 영어를 쓸 줄 알아야 한다는 것은 당연한 요구이다. ……(중략)…… 그러나 우려되는 것은 당장에 얻어질 수 있는 실리에 연결될 때 일어나는 인간의 천박화, 인간정신의 황폐화이다. 우리에게 중요한 것은 당장의 이익보다 긴 안목에 있어서 인간다운 발전이다. 근본적 검토 후에는 실리적인 면

그림을 통해 익히는 알파벳, 초등학교 1학년 공책에서, R자 그림

그림을 통해 익히는 알파벳. 독일어로 빛은 '리히트Licht' 이다.
초등학교 1학년 공책에서. L자 그림

이 바른 균형 속에서 조금 더 쉽게 확보될 수도 있을 것이다."

《법 없는 길》, 315쪽

영어공부를 구체적으로 어떻게 할 것인가라는 문제로 다시 돌아가도록 하겠습니다. 얼추 중학교 1학년쯤부터는 쉬운 영어로 쓴 영어 작품 가령 동시・동요・동화를 우리말로 옮겨보고, 그 반대로도 할 것입니다. 한국어를 영어로 옮기면서 문학적 품격까지 따지기에는 아직 벅차겠지만, 영어를 우리말로 옮길 때는 문학적 품격과 적절한 문체가 그 바탕에 서 있는 게 마땅합니다. 이것을 위해 저는 한 작품을 선보였습니다. 영어를 우리말로 옮긴 게 아니라 독일어를 옮긴 것이고 그것도 흡족한 번역이라고도 할 수 없지만, 새로운 학교에서 이루어질 수업을 마음에 두고 쓴 《백설공주는 공주가 아니다?!》가 그것입니다.

번역을 해본 사람은 다 아는 일이지만, 한 가지 말을 다른 말로 옮기려들면 두 말은 우선 똑같은 섬돌에 섭니다. 그리고는 심하게 서로가 서로를 밀쳐내고 부딪치다가, 말을 트고, 드디어는 어깨를 거는 벗이 됩니다. 그렇다고 둘이 하나가 되지도 않습니다. 그 둘은 끝내 따로입니다. 따로면서도 손을 놓지 않습니다. 그저 서로가 서로를 바라보는 동무일 따름입니다. 여기서 벗어나는 순간, 그 번역은 잘된 번역이 아니게 됩니다. 그러니 번역은, 하나이면서도 둘이고 둘이면서도 하나인 정신적 기율에 이를 수 있는 수양의 길이라 할 수 있습니다.

1 한겨울이었지. 하늘에서 하늘하늘 깃털처럼 눈이 내리고 있던 날이었어. 검은 흑단 나무로 된 창가에 앉아, 여왕이 바느질하고 있었어. 바느질을 하다가, 그녀는 눈을 쳐다보았어. 그러다 바늘로 손가락을 찌르고 말았지. 피 세 방울이 눈 위로 떨어졌어. 새하얀 눈 속에 있는 그 붉은 것이 얼마나 아름답게 보였던지, '눈처럼 새하얗고, 피처럼 붉고, 창틀의 나무처럼 검은 아이를 가질 수 있다면' 하는 마음을 그분은 품었지. 얼마 안 있어 그분은 딸아이를 보게 되었는데, 눈처럼 새하얗고, 피처럼 붉고, 흑단 나무처럼 거무스름한 머리카락을 가진 아이였어. 그래서 '새하얀 눈 아이'라 불렸지. 그런데 그 아이가 세상에 나오게 된 날, 여왕은 생기가 다 빠져 말라죽었단다.

새로운 학교에서 이루어질 수업을 떠올리며 쓴 책.
《백설공주는 공주가 아니다?!》

Sneewittchen

Es war einmal mitten im Winter, und die Schneeflocken fielen wie Federn vom Himmel herab, da saß eine Königin an einem Fenster, das einen Rahmen von schwarzem Ebenholz hatte, und nähte. Und wie sie so nähte und nach dem Schnee aufblickte, stach sie sich mit der Nadel in den Finger, und es fielen drei Tropfen Blut in den Schnee. Und weil das Rote im weißen Schnee so schön aussah, dachte sie bei sich: hätt ich ein Kind so weiß wie Schnee, so rot wie Blut, und so schwarz wie das Holz an dem Rahmen. Bald darauf bekam sie ein Töchterlein, das war so weiß wie Schnee, so rot wie Blut, und so schwarzhaarig wie Ebenholz, und ward darum Sneewittchen (Schneeweißchen) genannt. Und wie das Kind geboren war, starb die Königin.

27

Little Snow White

ONCE upon a time in the middle of winter, when the flakes of snow were falling like feathers from the sky, a queen sat at a window sewing, and the frame of the window was made of black ebony. And whilst she was sewing and looking out of the window at the snow, she pricked her finger with the needle, and three drops of blood fell upon the snow. And the red looked pretty upon the white snow, and she thought to herself, "Would that I had a child as white as snow, as red as blood, and as black as the wood of the window-frame."

Soon after that she had a little daughter, who was as white as snow, and as red as blood, and her hair was as black as ebony; and she was therefore called Little Snow-white. And when the child was born, the Queen died.

28

지금 한국에서 영어를 공부하는 데, 번역이 보여주는 '동무론'은 특히 중요합니다. 영어 사대주의가 조선의 한문 사대주의를 이미 훌쩍 넘어섰기 때문입니다. 조선의 유학자들은 한문 속에 들어있는 정신을 만나려고 한문공부를 했지 결코 한문의 겉모습에 홀렸던 것은 아닙니다. 그런데 지금 우리네는 영어 속에 있는 정신은 팽개친 채, 영어가 뽐내는 화려함과 무시무시한 힘 앞에서 넋을 잃고 있지 않습니까?"

새로운 학교는 결코 국수주의자들이 모인 곳이 되어서는 안 됩니다. 그렇지만 우리의 바탕이 한글이라는 점은 어떤 일이 있어도 바뀔 수 없는 일입니다. 이 점을 놓치면, 나라를 빼앗긴 것보다 더한 자기모멸로 빠져들 것입니다. 자기모멸이 있는 곳에 교육은 없습니다. 교육은, 자기를 보편적 존재로 고양시키는 것이기 때문입니다.

한 언어의 깊이에 들어갈 수 있는 길이기도 하고, 그 언어를 배우는 까닭이기도 한 것 중에 빼놓아서는 안 되는 것이 그 언어로 쓰인 책읽기입니다. 그런데 책읽기를 하는 중에, 결코 해서는 안 될 것이 있습니다. 문학작품이 되었건 교양서적이 되었건, 그 작품에서 앞뒤를 동강동강 잘라내고 두세 쪽 읽는 것이 그것입니다. 이것은 천박하기 그지없는 노릇이지요. 동당동강 잘라내 그 작품의 깊이까지 파고들어갈 수 없으니 얕고 엷지 않겠습니까? 그러니 얕을 천淺, 엷을 박薄 즉 천박이라 해야겠지요. 사정이 이런데도 학생들을 시험 잘 보는 기술자로 만들기 위해 영어수험서의 대부분이 앞 뒤를 동강동강 잘라낸 뒤 문제를 만들어내고 있습니다. 이런 공부 어디에 교양과 인문이 설 수 있겠습니까?

책은 될 수 있는 한 처음부터 끝까지 읽어야 합니다. 너무 방대하다면, 그것을 잘 간추린 책도 괜찮기는 합니다. 때에 따라선 그 책에서 다룬 내용이 잘 간추려져 있는 장章만을 읽을 수도 있지만, 이것은 그리 바람직한 길은 아닙니다. 이러한 저의 말을 받아들이면서도 선뜻 고개를 끄덕이지 않을 분들이 있을 것입니다. 책 한권을 처음부터 끝까지 공부하는 식으로 하면, 언제 그 많은 문법과 낱말을 익히느냐는 걱정 때문일 거라 생각합니다. 두 가지만 얘기하겠습니다.

우선 한두 해 배우고 끝낼 영어가 아닙니다. 그러니 짧은 시간에 그것들을 다 배워야 한다는 생각에 몰릴 필요가 없습니다. 다음은 그 한권의 책 속에도 배워야 할 문법과 낱말은 넉넉하다는 사실입니다. 한 번 생각해보십시오. 단편 소설 하나에도 얼마나 많은 낱말과 표현법과 문법이 들어있는가를. 어학을 잘하기 위해서는 같은 낱말, 같은 표현, 같은 문법을 거듭거듭 만나는 게 중요합니다.

이 말이 맞는다면, 한 작품을 처음부터 끝까지 보는 게 어학공부의 지름길인 것도 또렷해집니다. 책 한권을 처음부터 끝까지 읽으면, 억지로 반복하려 하지 않더라도 낱말 · 표현법 · 말하는 방식이 계속 반복될 테니까요. 그것도 똑같이 하는 것이 아니라, 문학 작품이다 보니 아주 조금씩 바꿔가면서 하겠지요. 그러니 지루하지도 않을 것입니다. 물론 한 작품을 통째로 읽었으니, 그 작품 속에 녹아있는 정신을 만나는 것도 꽤 쉬울 것입니다.

이제 하나의 작품을 어떻게 감상해야 하는가를 살펴보도록 하겠습니다. 하나의 작품을 감상하는 기본적인 방법은, 그것이 영어로 되었건 한국어로 되었건 다르지 않습니다. 그러니까 한국어로 된 책을 어떻게 읽어야 하는가를 떠올리면 됩니다. 영어 실력이 한국어의 그것에 못 미치기 때문에 생기는 어려움은 있을 것입니다. 그렇긴 하지만, 본질적으로 감상법을 달리 할 까닭은 없습니다. 외국어 수업시간에 외국문학을 어떻게 다루고 맛보아야 하는가는《어떻게 외국어를 배우는가?》에 잘 나와 있습니다. 한 대목을 따오도록 하겠습니다.

> "모든 저자들은 문학의 주관적 경험을 강조한다. 그 텍스트는 독자의 영혼 속에서 독자의 미적 동작이 발전하여, 즉 모든 새로운 독자들과 더불어 언제나 다시 새롭고 다른 것이 된다. 개인적 독자의 문학비평 이외에 다른 것이란 있을 수 없다. 결국 그러한 개인적 비평에 의해 사람들은 텍스트의 의미를 경험하게 된다. 그러므로 모든 작품 해석은 독자가 그때그때 미리 이해했던 것, 지금까지의 인생경험, 인생살이 또는 인생의 연령 등에 의해 결정된다."
>
> 《어떻게 외국어를 배우는가?》, 138쪽

이런 생각을 밑바탕에 깔고서 교사는 외국문학 수업을 이끌어가야 합니다. 그 방법 역시 앞의 책에 잘 나와 있기에 다시 길게 따오겠습니다.

"교사는 잘못 이해된 것이 명백한 경우를 제외하고는, 각 학생의 작업이 옳다고 강조해야 한다. 거기에다 대화의 결과를 필기하게 하여 확실히 해두는 것도 의미 있는 일이다. 이것은 나중의 어떤 시기에 그 해석이나 결과를 이용할 수 있을 뿐 아니라, 시각적으로도 문학 텍스트가 무엇을 줄 수 있고, 그것들이 많은 연상과 기억과 기대를 일깨워준다는 이해를 돕게 만든다. 학생들은 그들 자신이 많은 것을 생성할 수 있다는 것과, 그렇게 많은 것을 스스로 만드는 것이 바로 문학 작품의 목적이라는 것을 느낄 것이다. 독서할 때의 내적 과정에서 생기는 질문들은 (물론 항상 외국어를 사용하여) 다음과 같다. '어떤 세부사항이/ 어느 문장이/ 어떤 표현들이 중요하게/ 재미있게/ 어렵게/ 눈에 띄게/ 보통과는 다르게 느껴지는가, 그리고 그 이유는?' '이 인물의 다음 단계의 행위와 관련하여 어떤 기대를 하는가? 그럼 왜 그렇게 생각하는지 실감 있게 말할 수 있는가?' '이 문장은/인물 X의 이와 같은 반응은 너에게 어떻게 비쳤나?' '너는 지금 이야기한 경우에 어떻게 행동했겠는가?' '어떤 것들이 내용적으로/언어적으로 네 마음에 들지 않았는가? 그 이유는?' '인물 X를 생각하면 호감을 느끼는가, 아니면 혐오감을 느끼는가? 그런데 그것은 왜 그렇게 너의 감정을 건드린다고 생각하는가?' '이 문장이나/ 사건이나/ 에피소드나/ 이야기가 너의 머릿속에 어떤 것을 상기시키는가?' '이 분위기는-어두운가, 억압적인

가, 활기를 돋우는가? 그렇다면 너의 짐작으로 그 근거가 어디에 있다고 생각하는가?' '이 이야기는 어떻게 끝날 것이라고 생각하는가?' '너는 이 장편 소설/ 단편을 어떻게 끝맺겠는가? 왜 그런 방법으로?' '이 끝이 어떻게 될 것이라고 상상했는가?' 어떻게 그런 가정에 이르렀는가?"

139~141쪽

어떤 책을 읽었건 간에, 읽으면서 하건 먼 훗날에 하건 간에, 물음이 빠진다면 쓸데없는 일이 되기 쉽습니다. 묻고 그것에 대해 이리저리 헤아려 볼 때에야 그 작품은, 나를 몰아세우지도 않고 그렇다고 내버려두지도 않는 진짜 동무가 됩니다. 하나의 문학작품 속에 얼마나 많은 물음거리가 있고, 그 물음거리를 어떻게 헤아리고 다루어야 하는지를 저는 《백설공주는 공주가 아니다?!》에서 100여 쪽에 걸쳐 실제로 보였습니다. 좋은 옛이야기 한편을 읽는 것이 얼마나 많은 창의력과 사고력을 우리에게 길러줄 수 있는지 그리고 우리의 삶을 되돌아보게 하여 우리를 어떻게 바른 길로 이끄는지를 가늠해보는 자리를 마련하기 위해서였습니다.

이제 어떤 작품들을 읽는 게 좋을까를 생각할 자리가 되었습니다. 그렇지만 이것에 대해 제대로 된 말을 내놓을만한 깜냥(능력)이 저에겐 없습니다. 여문 생각은 아니지만, 풋것인 채로인 바람을 말해보겠습니다. 책을 고를 때, 원래 그 책이 영어로 쓰인 것인가 다른 언어를 영어로 옮긴 것인가를 가릴 필요는 없다고 생각합니다. 좋은 책을 잘 옮긴 글이면 그만이지요. 특히 그것이 비문학 장르의 글이라면, 원전이냐 아니냐는 고등학생까지는 그리 중요하지 않다고 여겨집니다. 처음에는 짧은 창작동화, 동시, 옛 이야기 등에서 점차 영어로 번역된 그림형제의 옛이야기, 자못 긴 창작동화, 어린이를 위한 뉴스를 모아놓은 책으로 나아가면 좋을 듯합니다. 고등학생이 되면 타고르의 시집, 《성경》 중 복음서, 플라톤의 《변론》, 쉽고 가벼운 소설, 스즈키 다이세쓰鈴木大拙의 불교책, 마르틴 부버의 《나와 너》를 거쳐 에리히 프롬의 《소유냐 존재냐》, 《사랑의 기술》, 틸리히의 《기독교 사상사》를 지나 셰익스피어의 《햄릿》, 그리스인이 남겨준 비극작품들, 괴테의 《파우스트》, 헤밍웨이의 소설들, 그리고 플라톤의 《국가》를 영어로 읽을 수 있다면 얼마나 좋을까요?

허무맹랑한 꿈처럼 들릴 것입니다. 그러나 몇 달 전 셰익스피어 전집 번역 1차본 5권을 낸 김정환 님의 "셰익스피어의 작품은 고등학생 때 원서로 다 읽었죠"(〈한겨레신문〉 2008. 8. 9)라는 말은, 제 꿈이 결코 허무맹랑하지 않음을 알려줍니다.

마지막으로 영어 교육과 관련해서 현실적인 문제 하나를 짚고 다른 과목으로 넘어가겠습니다. 많은 분들이 영어 연수를 위해 자녀들을 외국에 보내고 있습니다. 생각해봐야 할 실질적인 문제가 여기 있습니다. 초등학교 때 두세 해 이상 외국에서 지낸 학생들과 수업을 하다 보면, 그 학생이 한국을 떠났던 적이 있었음을 저는 알 수 있었습니다. 그들이 저에게 그 사실에 대해서 한 마디도 하지 않는데도 말입니다. 두세 해 이상 한국을 떠나 있었을 것이라는 생각이 드는 학생에게 '너 외국에서 살았구나' 하면, 여지없이 '그렇다'

고 대답했습니다. 제가 족집게여서가 아니라, 그런 학생들은 대부분 언어감각과 사고력이 떨어지기 때문에 알 수 있었던 것입니다. 그럴 수밖에 없습니다.

그 까닭을 밝히도록 하지요. 초등학교 2학년 학생들의 평균적인 어휘량이 1만개이고 4, 5학년 때 2만개가 된다고 가정하겠습니다. 어떤 학생이 초등학교 2학년 때 한국을 떠나서 4학년 또는 5학년 때 한국에 다시 들어왔다면, 이 학생의 어휘는 얼마쯤 될까요? 1만 개를 별로 넘지 못합니다. 외국에서 지낸 동안 그는 새로운 어휘를 익히지 못했기 때문입니다. '대신 영어를 배우지 않았느냐'고 할 것입니다. 배웠습니다. 하지만 그가 영어를 통해 익힌 어휘는 대부분 이미 한국어로 알고 있던 어휘에 지나지 않습니다. 엄마를 영어로는 '머더Mother'라 하고 개를 '도그Dog'라 한다는 것을 안다고 해본들, 그것은 그 학생의 언어감각을 키워주지도 사고력을 키워내지도 못합니다.

한국어 어휘가 늘지 않으니, 영어를 모국어로 쓰는 같은 또래의 어휘력에 영어로라도 그 학생이 이르러야 합니다. 그러나 그것은 도저히 있을 수 없는 일입니다. 2, 3년 동안에 어떻게 10년에서 11년 동안 익힌 어휘를 따라갈 수 있겠습니까? 그건 외국에서 살면서도, 한국에 있는 같은 또래의 어휘력에 이르는 것보다 더 불가능한 일입니다.

그런 학생을 둔 학부모들이 처음에는 제 자식이 어휘가 모자란다는 사실을 알고 또 그것을 당연하다고 여깁니다. 그래서 이러저러한 방법을 써서 모자란 어휘를 채웁니다. 그러다가 학교 점수가 오르면 이제 됐다고 여깁니다. 그런데 학생이 한국 학교생활에 잘 적응하고 열심히 공부해서 성적이 좋다고 문제가 해결된 게 아닙니다. 어휘가 모자란다는 게 심각한 일인 줄을 초등학교, 중학교 때는 잘 알아차릴 수 없습니다. 국어문제집 두 세권 풀면 어휘력과 사고력이 충분히 갖추어지지 않았더라도 시험에서 틀릴 일이 별로 없기 때문이지요.

그런데 고등학교 수학능력시험도 문제집만 풀면 점수가 잘 나오느냐 하면 절대 그렇지 않습니다. 사고력과 언어감각이 뛰어나야 수학능력시험을 잘 치를 수 있기 때문이지요. 언어영역은 물론이고 사회탐구, 과학탐구 심지어는 영어조차도 그렇습니다. 외국에서 오랫동안 살았기에 영어를 꽤 잘하는 학생인데도 영어에서 몇 문제씩 틀리는 경우가 있습니다. 그런 학생은 사고력과 언어감각이 떨어져서 영어 점수가 신통치 않은 것입니다. 영어문법 때문이라고 말하는 분들이 있는데, 결코 문법 때문이 아닙니다. 수학능력시험에서 영어문법은 한 두 문제에 지나지 않습니다. 제 경험에 비춰보았을 때, 지금까지 말한 것에 대한 제 믿음은 군건합니다. 영문학자 도정일 선생께서도 저와 비슷한 말씀을 하셨습니다.

"요즘 대학의 공통된 고민이 이른바 '국제화' 한답시고 경쟁적으로 받아들인 특례 입학생들입니다. 어린 시절 외국에 건너가 살다가 특별 전형으로 대학에 들어온 학생들인데, 이들

상당수가 한국어는 물론 외국어 실력에서도 실용회화 수준을 넘어서지 못합니다. 더 심각한 문제는 생각하고 개념화하는 능력이 부족하다는 점입니다. 성장기에 하나의 언어에 깊이 몰입해볼 기회를 갖지 못했으니 읽고, 쓰고, 사고하고, 표현하는 고등의 언어활동이 취약한 게 당연하죠. 몰입교육의 문제도 마찬가지입니다."

〈한겨레〉 2008. 10. 9

이러니 좋은 책을 많이 읽는 것은 인성과 학습능력을 두루 돌보는 것이라는 데 우리 모두 맞장구를 칠 것입니다. 문제는 여러 해 동안 차근차근 잘 할 수 있느냐입니다.

● 한문

한문을 배우고 가르치는 까닭은, 중국이 세계무대에 훌쩍 뛰어올라 그 힘을 드러내리라는 데에도 있을 것입니다. 하지만 그보다는 우리 문화의 뿌리와 우리 자신을 알려는 데 더 큰 목적이 있다고 보는 것이 온당합니다. 다시 말하면 우리 옛분들의 품과 정신이 들어간 것들 대부분이 한문으로 이루어져 있어서, 한문의 길을 알았을 때 옛분들을 만나기가 쉬울 것이고, 그것을 통해 우리 자신의 뿌리를 더듬어 볼 수 있겠기 때문입니다. 이것 말고, 한문을 배우는 또 다른 중요한 까닭은 한문의 마력으로부터 우리 토박이말을 풀어내 토박이말이 활개치는 세상을 이루어내자는 것입니다. 저는 순한글주의

자는 아니지만, 될 수 있으면 토박이말을 많이 쓰는 것이 좋다고 생각합니다.

그것은 몇 가지에 말미암습니다. 먼저 우리 토박이말은 거의가 내 몸과 느낌에 곧바로 와 닿습니다. 반면 한자어로 된 우리말은 뭔가 낯설다는 느낌, 즉 내 몸과 따로 떨어져 있다는 느낌을 말하지 않을 수 없습니다. 물론 내 몸과 말이 바로 하나가 되지 않으면, '나'와 '말'의 사이를 없애기 위해 나는 생각하지 않을 수 없고, 그걸 통해 헤아릴 수 있는 힘을 기를 수 있는 좋은 점이 있기는 합니다. 이것은 국어를 통해서가 아니라 외국어를 배우면서 얻어야 하는 힘이라는 게 맞는 말일 것입니다.

김우창 선생님은 "언어를 통하여 잃는 것은, 우리가 사는 세계에서도 가장 언어적 구성으로부터 또 의식적 구성으로부터 먼 부분이라는 점이다. 그러니까 우리의 자아 가운데서도 육체가, 또 사회에서도 가장 직접적인 삶의 현실 속에 있는 민중의 삶이, 또 인간을 넘어서는 자연의 신비가 언어, 특히 형식화되고 이론화 된 글에서 사라지기 쉬운 것이다"라고 하셨습니다. 우리말을 하면서도 외국어처럼 낯선 느낌 속에 있게 되면, 글 때문에 잃게 되는 그 면 즉 우리의 몸, 민중의 삶 그리고 자연의 신비를, 말을 하면서 잃어버리기 쉽습니다. 몸에 바로 와 닿는 즉각성이 한자어에는 빠져있기 때문이지요. 물론 모든 한자어가 그런 건 아니고, 토박이말이나 다름없이 된 한자어 즉 곰삭은 한자어는 여기에 들어가지 않습니다.

다음은 위의 말에서 그냥 끌어낼 수 있는 것인데, 한문의 비경제

성입니다. 한문이 경제적이지 않다고 하니까, 바로 손사래 칠 사람이 있겠지만, 제대로 따져본 뒤 그렇게 해도 늦지 않을 것입니다. 낱말 하나하나의 글자 수를 두고 보았을 때, 한문이 토박이말보다 더 경제적인 것은 틀림없습니다. 그렇지만 느낌에 안 와 닿는 한자어를 익히기 위해 품들인 것까지 덧붙여서 견주어본다면, 상황은 사뭇 달라질 것입니다. 실제로 학생들은 고등학교 1, 2학년 때까지 한자어 낱말풀이에 꽤 많은 시간을 들이고 있는 실정이고, 그렇게 낱말풀이를 해놓고도 느낌이 안 오니까 그 개념 내용을 외워야 합니다. 이 대목을 놓치지 않으면, 낯선 한자어를 쓴 것 때문에 우리가 치러야 하는 대가가 얼마나 큰지를 알 수 있습니다. 이건 고사성어 같은 걸 두고 하는 소리가 아니라, 보통 낱말을 두고 하는 소리입니다.

보기를 든다면 '심심한 감사를 표한다' 는 말을 우리는 자주 듣게 되는데 '심심한' 이란 낱말은 한자를 옆에 써놓으면 모를까 고등학생들이 그 뜻을 알아채는 게 무척 힘듭니다. 그래서 선생님께서 '깊을 심深' 자와 '매우 심甚' 자니까 '매우 깊은 감사' 의 뜻이라고 풀이해야 그때서야 고개를 끄덕입니다. 그러나 돌아서서 며칠만 지나면 그 뜻을 잊어버리니까, 또 똑같이 그 낱말을 풀이해줘야 합니다. 이렇게 할 수밖에 없는 것은 학생의 학습능력이 떨어져서가 아닙니다. '심심한' 이라는 낱말을 들었을 때, 그것은 '짜다' '맵다' '심심하다' 와 바로 견주어지고 한 동아리로 묶이기 때문에 '심심한 감사' 란 말이 느낌에 와 닿지 않아서 그런 것입니다.

심심한 감사가 매우 깊은 감사를 뜻한다는 것을 외워서 그렇게 이해하고 있더라도, 그 말은 깊은 느낌까지는 주지 못합니다. 곰삭지 않은 한자어가 우리를 얼마나 직접적인 느낌의 세계에서 떨어뜨려 놓는지를 이 낱말 하나에서도 알 수 있습니다. '매우 깊은 감사'라고 말하면 글자 수는 늘어나겠지만, 그걸 따로 뜻풀이해줄 필요도 없고, 그 뜻을 외울 필요는 더더욱 없을 터이니, 토박이말이 경제적이고 한자말이 비경제적이라 해야 하지 않겠습니까?

또 하나 보기를 들면 '갈등葛藤'은 '칡뿌리나 등나무 덩굴이 얽히고설킨 모습을 말한다'고 학생들에게 수도 없이 뜻풀이를 해주어야 합니다. 그렇게 뜻풀이를 듣지만 돌아서면 잊어버리니까, 학생들은 듣고 읽고 그리고 또 읽고 듣고 하여 겨우 그 뜻을 붙잡지만, 칡뿌리나 등나무덩굴의 얽힘에서 생겨난 낱말이라는 것은 사라지고 맙니다. 얽히고설킨 것을 두고 갈등이라 한다는 정도로 거우 느끼게 되죠. 이렇게 어렵게 '갈등'이란 낱말을 익히느니 '칡뿌리의 얽힘'이나 '등나무 덩굴의 얽힘' 또는 '칡이나 등나무의 얽힘' 정도로 해두면, 글자 수는 늘어났지만 그 말을 듣자마자 느낌이 확 다가오기에 그 뜻풀이를 따로 욀 필요가 없지 않습니까?

그럼 이번에는 약간 전문적인 낱말 '기의'와 '기표'를 살펴보겠습니다. 이게 무슨 한국말입니까? '기의'가 뭔지 '기표'가 뭔지, 한참 책을 읽은 뒤에야 그 뜻을 붙잡을 수 있지, '기의' '기표'라는 소리만 듣고서는 멍할 수밖에 없습니다. '기호의 표면' 또는 '기호의 겉'이라 하거나 '기호내용' 또는 '기호의미'라고 했다면, 그 낱말의 뜻풀이 없이도 그런대로 느낌이 와 닿았을 것입니다. 왜 그럴까요?

'기의' '기표'에서 '기'와 '의'와 '표'는 토박이말처럼 된 게 아니지만, '기호' '내용' '의미' '표면' 등은 토박이말처럼 되었기 때문에, 그 낱말을 듣자마자 바로 느낄 수 있는 데에 그 까닭이 있습니다. 한자어를 쓰더라도 이렇게 토박이 말이나 다름없이 된 말을 써야지, 그렇지 않으면 그 낱말은 암호에 지나지 않을 것입니다. 암호는 글자 수에서는 경제적이지만, 보통 사람들이 그 뜻을 알 수 있는가라는 점에서 본다면, 매우 비경제적입니다.

암호를 알고 있는 사람이 우쭐해지기 쉽듯이, 용어의 뜻을 아는 사람도 그렇지 못한 사람 위에 서려 하기 십상입니다. 그 사람이 쓰는 말이 그 인격의 꼴을 이룬다는 소리가 맞는다면, 권위적인 우리 문화의 많은 책임이 곰삭지 않은 한자어를 마구 쓰는 데에 있다고 할 수 있을 것입니다. 이렇게 곰삭지 않은 한자말을 막 쓰면 서로 다른 분야 사람이 말을 주고받기란 여간해선 어렵다는 점 또한 짚고 넘어가야 할 일입니다.

물론 토박이말만으로 지금 우리의 생각과 느낌을 섬세하게 나누어 쓸 수 있다고 보진 않습니다. 그렇지만 토박이말이나 다름없이 된 한자어까지 곁들인다면, 모자란다고 할 수도 없을 겁니다. '기의'와 '기표'에서 보았듯이 억지로 글자 수를 줄인다든지, 우리말도 잘 모르면서 새로운 한자 말을 마구 만들어낸다든지 또는 남 위에 서려고 이상한 말만 골라 쓴다든지 하기 때문에, 우리말이라고 일컬을 수 있는 낱말들이 늘어나지 않는다고 봐야 할 것입니다.

마지막으로 우리말이 맛과 깊이가 있기를 바라서입니다. 한자어에 들어있는 씹는 맛을 들면서, 토박이말 많이 쓰기를 탐탁지 않게 여기는 분들이 있습니다. 맞는 말입니다. 한자어에는 한 번 맛들이면 뿌리치기 힘든 '씹는 맛'이 있다는 것을 저도 어렴풋이나마 알고 있습니다. 하지만 토박이말에 씹는 맛이 없다면, 그 까닭을 헤아려 봐야 할 것입니다. '씹는 맛'이란 게 한자어가 본래 가진 특성이기도 하겠지만, 그 한자어를 수많은 사람들이 썼기에, 그 낱말에 많은 문화적인 옷들이 입혀졌고, 그럴수록 그 낱말은 더 깊은 맛을 지니게 되었다고 봐야하지 않을까요?

하나의 낱말, 하나의 소리는 그 자체로 맛과 깊이를 가진다기보다는 그 낱말 그 소리를 쓴 사람들의 품과 정신의 맛이요 깊이라고 보아야 하겠기 때문입니다. 이런 점에서 본다면, 토박이말이 한자어보다 깊이와 씹는 맛이 떨어지는 것은 토박이말에 빼어나고 훌륭한 사람들의 품과 정신이 별로 들어있지 않기 때문이라고 해야 할 것입니다. 다시 말해 우리 옛분들이 토박이말을 천덕꾸러기로 여겼기 때문에, 그런 일이 일어난 것입니다. 지금이라도 우리말에 품과 정성을 들이지 않는다면, 우리말은 언제까지나 깊이 없는 말이 될 것입니다.

새로운 학교에서 한문을 배우고 가르치는 까닭 중의 하나로, 왜 '한문의 마력으로부터 풀려나는 우리말'을 들었는지가 이제 그런 대로 밝혀졌다고 믿습니다. 이런 까닭도 있고 하여, 새로운 터에서는 한문을 우리말다운 우리말로 옮기는 데에 힘을 모아야 한다고 생각합니다. 물론 한문의 길을 통해서 우리 옛분들을 만나는 것 또

한 결코 앞의 까닭보다 낮게 놓여서는 안 될 것입니다.

한문 역시 처음에는 한자 카드놀이, 한자로 된 낱말 찾기 같은 놀이 속에서 익히겠지만, 그러다보면 학생들이 한자로 된 문장을 읽는 데 맛들일 것이고, 더 나아가 한자로 된 책을 읽는 재미가 쏠쏠하다는 것도 느끼게 될 것입니다. 그래서 고등학교 2, 3학년 때는 우리의 정약용 선비가 그야말로 울분을 삭히고 쓴 책《논어고금주論語古今注》나《맹자요의孟子要義》, 허준 선비의 땀이 밴《동의보감》을 일부라도 공부 시간에 한자 한자 읽고 새길 수 있는 데까지 이르면 얼마나 좋겠습니까? 그렇게만 되면 우리 학생들이 '참으로 빼어난' 게 무엇인지를 알게 되어, 제 밥그릇 챙기느라 고움과 거룩함을 내팽개치는 그런 오종종한 삶을 살지는 않으리라 믿습니다.

앞에서 다루었던 영어공부와 방금 다룬 한문공부를 읽고 여러분은 틀림없이 제가 꿈꾸는 학교를 서 있게 하는 기둥이 무엇인가를 아셨을 것입니다. 그렇습니다. 고전독서교육이 그 학교를 떠받치는 기둥들 중 하나입니다. 뒤에서 다룰 '눈여겨보기와 책읽기' 과목까지 이 기둥에 힘을 보탤 것입니다.

학생의 실력과 인성을 기르는 데 큰 밑돌이 될 '고전독서교육'은 이 세 과목 즉 한국어 독서, 영어 독서에 한문 독서까지 힘을 보태, 완성까지는 아니더라도 꽤 알찬 열매를 맺으리라 생각합니다.

그렇기는 하지만 과연 고등학생들의 한문 실력이 여기까지 이를 수 있을까 하고 많은 분들이 궁금해 하실 것입니다. 일반적으로 학교에서 이루어지고 있는 한문 낱자 익히기나 낱말 익히기 식으로

한 사람의 올곧은 삶이 이땅에 남기고 간 지곡서당

凡事豫則立不豫則
廢言前定則不跲事
前定則不困行前定
則不疚道前定則
不窮　中庸句

一九九五年二月十六日書為
李良浩賢契畢業泰東古典
硏修課程紀念
青溪任昌淳

지은이가 태동고전연구소(지곡서당)를 마칠 때 써주신 청명 임창순 선생님의 글씨

해서 이런 경지에 이른다는 것은 어림없는 일이라고 저도 생각합니다. 하지만 한문을 제대로 배운다면 그리 어려운 일은 아니라고 봅니다. 한문공부에서 중요한 점은 한자漢字 몇 백자를 획수도 틀리지 않게 정확하게 쓸 수 있느냐 부수를 정확하게 아느냐에 있지 않습니다. 그보다는 글 속에서 그 글자의 뜻풀이를 할 수 있느냐에 있다고 생각합니다. 이것을 위해서는 학생의 정신 수준에 맞는 책을 골라 거기에 있는 문장을 모둠별로 번갈아가며 읽거나 선생님을 따라 읽거나 혼자 읽는 등의 방법을 통해 외는 것만큼 빠르고 확실한 길은 없습니다.

이 말은 막연한 추측이 아니라 제 경험에서 나온 소리입니다. 아니 지곡서당을 다녔던 모든 분들의 경험일거라 믿습니다. 지곡서당에 들어가면 모두가 첫 1년 동안 《논어》·《맹자》·《대학》·《중용》을 완전히 암송합니다. 이 과정을 거치고 나면 2년차에 《시경》·《서경》·《주역》 등을 배웁니다. 이것은 한문을 1년만 제대로 공부하면, 어떤 한문책이건 그것을 공부할 수 있는 바탕이 마련된다는 것을 뜻합니다.

물론 1년으로 충분하다는 뜻은 결코 아닙니다. 하지만 고전이 되었건 경전이 되었건 어떤 책을 읽고 싶다면 그 책을 파볼 수 있는 힘이, 제대로 된 1년의 한문공부를 거치면 생긴다는 것은 틀림없는 사실입니다. 책 한권을 완전히 왼다고 하니까 머리가 좋은가 하시겠지만, 외는 것과 아이큐는 그리 큰 관계가 없습니다. 그것을 외지 못하면 서당을 떠나야 하는데, 그래서 서당을 떠났다는 사람은 별로

없다는 것이 제 말의 버팀대입니다. 20대 후반 심지어는 30대까지
도 다 잘 해냈습니다.

　사실 한문을 욀 때 필요한 것은 머리가 아니라 엉덩이와 입 그리
고 적절한 교육방법입니다. 중요한 점은 학생에게 한문을 외겠다는
의욕이 있느냐와 외는 것에 큰 부담을 느끼지 않도록 하는 교육방
법이 있느냐입니다. 교육방법이 중요한 것은 바로 이런 까닭 때문
이지요.

헤아림 마당

● 수학

대부분의 학생들은 학교에 들어가기 훨씬 전부터 대학에 들어갈 때
까지 수학을 배웁니다. 그것도 영어와 어깨를 겨루 틀 정도로, 많은
시간을 수학공부를 하면서 보냅니다. 이렇게 모든 사람이 엄청나게
많은 시간을 거기에 들이고 있다면, 수학공부가 우리 삶에 매우 중
요해서 그러할 것입니다. 그런데도 많은 사람들은 말합니다. '이과
생이 수학공부를 하는 것은 그럴 만하다고 여겨지지만, 문과생이
몇몇 과를 빼고서는 미분에 적분까지 해야 할 까닭은 도무지 찾을
수 없다. 사칙연산만 잘하면 되는 것 아닌가' 라고. 그러면서 한 마
디 덧붙입니다. '살면서 내가 미분 적분을 단 한번만 써먹었어도 이
렇게까지 말하지는 않았을 것이다' 라고. 사실 이과 중에서도 의대

같은 경우는 수학이 별로 필요 없습니다. 그런데도 우리나라 사람 중에 수학공부에 한 때 온 몸과 온 맘을 쏟지 않은 사람은 드물 것입니다.

사실이 이러하니 '도대체 뭐 하러 수학공부 하는데?' 라고 물어야 하지 않겠습니까? 물음에 말을 내놓기 위해서는 서양의 지성사를 눈여겨볼 수밖에 없습니다. 우리 옛분들도 수학을 배우긴 했지만, 지금 우리가 배우는 수학하고는 거리가 있기 때문입니다.

수학자요 철학자인 러셀이 "이 사람(피타고라스─저자)에게서 처음으로 수학의 연역적인 논증이 시작되었으며 수학이 철학에 끼친 큰 영향도 그의 시대 이후로 심각하게 되었다."(《서양철학사》, 최민홍 역, 72쪽)고 말했듯이, 수학을 지금과 같은 꼴로 자리매김한 사람은 피타고라스라 해야 마땅할 것입니다. 피타고라스에게 수학은, 단순한 계산을 위한 것이 아니라 영혼을 정화하는 길이었습니다.

수학의 의미를 또렷하게 밝힌 또 한 사람은 플라톤입니다. 그가 세운 아카데미학원 문 앞에 "기하학을 모르는 자 들어오지 말라"고 써 붙였다는 풍문이 돌 정도로 그는 수학을 높이 쳤습니다. 그가 수학을 그렇게 높이 쳤던 것은 다른 까닭이 있어서가 아니라, 그 역시 수학을 통해 영혼이 올바른 길로 들어설 수 있다고 믿었기 때문입니다. 고등학교 윤리 시험을 치루기 위해 죽어라고 외웠던 플라톤의 철인왕哲人王 개념을 요모조모 살피면서 그 점을 밝히겠습니다. 철인왕과 수학이 무슨 관계냐며 혀를 끌끌 찰 분들이 많겠지만 조금만 참고 읽어주시기 바랍니다.

'진정한 철학자가 왕이나 통치자 노릇을 해야 한다'는 게 플라톤의 철인왕에 관한 생각이라는 것은 우리 모두 알고 있습니다. 그러니 이 말을 또렷하게 보기 위해선 철인哲人이란 누구인가가 밝혀져야 합니다. 철인 또는 철학자하면, 우리는 대학교에서 철학을 가르치는 분을 떠올리거나 미아리에서 사주팔자를 보는 분을 떠올립니다. 이런 분들이 통치자가 되어야 한다고 플라톤은 생각했을까요?

이것을 알아보기 위해, 플라톤이 썼던 필로소피아Philosophia 즉 우리말 철학哲學으로 옮긴 낱말을 하나하나 뜯어볼 필요가 있습니다. 필로소피아를 우리말로 풀면 '지혜를 사랑함'입니다. '사랑한다'는 게 무슨 말인지를 알아보겠습니다. '사랑한다'는 말은 하나지만, 거기에는 눈곱만한 사랑부터 온 몸과 온 맘으로 하는 사랑까지 모두 다 들어있기 때문입니다. 플라톤은 말했습니다. "어떤 것에 대해 애정이 천성으로 강한 사람은 그가 사랑하는 것과 동류이고 친근한 일체의 것을 좋아한다"고.(《국가》, 박종현 역주 387쪽, 앞으로는 쪽만 표기)

그는 또 말했습니다. "이들(사랑하는 사람–저자)은 그것(사랑하는 것–저자)의 작은 부분이건 큰 부분이건 또는 그것의 귀한 부분이건 하찮은 부분이건 간에 자진해서는 포기하는 일이 없다"고.(387쪽) 플라톤이 말한 사랑이란 찔끔찔끔하는 사랑이나 이것저것 살피고 재는 사랑이 아니라, 사랑하는 것을 통째로 받아들이고 그것과 하나 되는 사랑이란 것을 여기서 알 수 있습니다.

그렇다면 지혜란 무엇입니까? '실재' 즉 생성과 소멸에서 벗어나

전쟁을 치르면서 삶의 잣대가 다 깨져버린 그리스 사회에
삶의 잣대를 마련하려 애썼던 철학자 플라톤

있기에, 언제나 그대로 있는 것에 대한 앎(인식)이 그것입니다. 이렇게 말하면 뜬 구름 잡는 소리 같으니까, 플라톤이 '지혜'란 낱말과 견주었던 낱말들을 끌어와서 지혜가 무엇인지를 거머쥐도록 하겠습니다.

《국가》 8권을 보면 사랑한다는 말에 이어져 있는 게 지혜 말고도 두세 가지 나오는데, "승리와 명예에 대한 사랑"(519쪽)과 "돈을 사랑하는 사람"(524쪽)이 그것입니다. 이런 말들과 '지혜에 대한 사랑'이 어떤 관계인지를 살펴보도록 하겠습니다. 플라톤은 말합니다. 가장 이상적인 체제 즉 '지혜를 사랑하는 사람'이 이끄는 체제가 타락하면 '승리와 명예를 사랑하는 사람'이 이끄는 체제가 되고, 거기서 한 발 더 빠지면 '돈을 사랑하는 사람'이 이끄는 체제로 떨어진다고. 그러니 플라톤이 생각한 '지혜'를 사랑하는 사람은 '돈'을 사랑하지 않는 사람은 물론이려니와, '승리와 명예'조차도 거들떠보지 않는 사람임에 틀림없습니다. 간추리면 '필로소피아'를 품은 사람 즉 철인은 오직 지혜만을 사랑하기에 거의 지혜 그 자체가 되어버린 사람이라고 할 수 있습니다.

이런 사람의 삶이 어떠한지를 플라톤의 말을 통해 좀더 알아보도록 하겠습니다. "그의 욕구들은 혼 자체의 즐거움과 관련된 것들이 되고, 육신을 통한 즐거움들은 이울어버리게(사그라들게—저자) 된다."(388쪽) 또한 "절로 있고 재물을 좋아하지 않으며 저속하지도 않고 허풍치지도 않으며 비겁하지도 않은 사람"(389쪽)이라고 플라톤은 말하면서 "그런 사람은 죽음도 무서운 것이라 생각하지 않겠지?"(389쪽)라고 옆 사람에게 강조했습니다.

여기까지 플라톤의 말을 따라온 우리는 묻지 않을 수 없습니다. '지혜를 사랑하는 사람' 아니 꼭 집어 말하면 '지혜만을 사랑하는 사람'은 어떻게 하면 이땅에 생겨날 수 있단 말인가? 참으로 어려운 일이 아닐 수 없습니다. 하지만 이것을 빼놓고 이상을 말하고 큰 뜻을 말한다는 것은 있을 수 없을 것입니다.

다행한 것은 우리가 던진 물음을 플라톤도 똑같이 물었다는 것입니다. "그런 사람들이(지혜를 사랑하는 사람들이—저자) 이 나라에 어떤 방식으로 생기게 되며, 또한 어떻게 이들을 광명으로 인도하게 될 것인지를 우리가 생각해 보기를 자네는 원하는가?"(461쪽)가 그것입니다. 이어서 그는 "이건 …… 혼의 전환이며, 이것이야말로 진정한 철학(지혜의 사랑—저자)이라고 우리가 말하게 될 실재로 향한 등정(오름)"이라며 옆 사람에게 강조했습니다. 그리고 다시 물었습니다. "그렇다면 교과들(학문들) 중에서 어느 게 이런 힘을 지니고 있는지 생각해보아야만 되지 않겠는가?"(462쪽)라고.

우리도 이것을 헤아려보지 않을 수 없습니다. 참으로 많은 분들이 이 물음을 가슴에 새기고서 그것을 풀기 위해 애를 썼고 땀과 피를 흘렸습니다. 공자는 시詩·예禮·악樂을 그것이라 보았고, 예수님은 '목마른 자에게 물을 주고 헐벗은 자에게 옷을 주고 주린 자에게 먹을 것을 주는' 실천적인 삶을 그것이라 보았고, 부처는 여덟 가지 바른 길을 걸어 온갖 것에 대한 집착을 내려놓는 것을 그것이라고 보았습니다. 뿐만 아니라 새벽녘 맑은 물 한 그릇 떠놓고 그 앞에

엎드려 그 정안수와 하나가 되었던 우리 옛 아낙네들 남정네들의 모습도, 바로 플라톤이 물었던 것에 대한 응답이었을 것입니다. '혼을 전환' 할 수 있는 길은, 이렇게나 많이 닦여져 우리 앞에 놓여 있습니다.

그렇지만 우리가 다루려던 게 '수학을 공부해야 하는 까닭은 무엇인가?' 였고 그것을 밝히기 위해 플라톤의 말을 떠올렸으니, '혼의 전환' 을 위해 플라톤이 가리킨 길은 어떤 것인지를 보도록 하겠습니다. '혼의 전환' 을 가져올 교과목으로 그는 도대체 무엇을 떠올렸을까요?

그는 대뜸 "모든 기술과 모든 형태의 사고와 지식이 이용하는 공통의 것이며, 모두가 맨 먼저 배워야 하는 것" 을 들고는, "하나와 둘 그리고 셋을 구별하는 이런 것일세. 요컨대, 내가 말하는 것은 수 arithmos와 계산logismos일세"(463쪽)라고 못박았습니다.

'수' 와 '계산' 이 도대체 어떻게 '혼의 전환' 을 가져올 수 있다는 말일까요? 계속해서 그의 말을 들어보도록 하겠습니다.

> "그것은 우리가 찾고 있는 것들로서 본성상 '지성에 의한 앎(이해·직관)으로 인도하는 것들 중의 하나인 것이기에 ……(중략)…… 그것은 존재(본질)로 이끌기에 아주 알맞은 것일세."
>
> 464-465쪽

'수' 와 '계산' 이 참으로 있어서 언제나 변치 않는 '존재'(본질)로 우리를 이끈다고 하니 어떻게 그런 일이 있을 수 있는지 귀를 세워 그의 말을 들어보겠습니다.

"감각(감각에 의한 지각)들의 경우에, 어떤 것들은 감각에 의해 판단된 것들로도 충분하기 때문에, 탐구하는 데에 '지성에 의한 이해(앎)'를 불러일으키지 않지만, 어떤 것들은 이것으로 하여금 탐구를 하도록 전면적으로 권유하네."

465쪽

그런 다음 그는 손가락을 예로 들어 이 말의 의미를 밝히는데, 간추리면 다음과 같습니다.

눈에 보이는 각각의 손가락은 길이도 다르고 있는 위치도 다른데, 그 모두를 손가락이라고 한다. 이때 물음이 떠오를 수밖에. '왜 그럴까?' 이런 물음이 떠오르는 순간 우리의 정신 즉 혼은 난감해하지 않을 수 없다. 그래서 우리는 지성의 도움을 받아 그 까닭을 헤아리게 된다. 이렇게 헤아리는 사이에 '존재' 즉 감각에는 나타나지 않지만, 있다고 할 수밖에 없는 '손가락 그 자체'로 우리는 나아가게 된다.

그런데 문제는 '헤아림(思惟)을 불러일으키는 것만'이 혼을 전환할 수 있다는 점입니다. 무엇이 헤아림을 불러일으키는가? 플라톤은 말합니다.

"어떤 대립되는 것이 언제나 동시에 보이게 되어, 그 어떤 것도 꼭 하나랄 것도, 그렇다고 그것과 대립되는 것이랄 것도 없어 보인다면, 이를 결정해주는 게 이제 필요하게 될 것이네. 그리고 이 경우에 혼은 '당혹해하면서'(aporein) 자기 안에서 '사고 작용'(ennoia)을 가동케 하여 '탐구를 하지' 않을 수 없게끔 될 것이며, '하나 자체가 도대체 무엇인지' 도 묻지 않을 수 없게 될 걸세. 또한 이렇게 해서 '하나' 에 대한 공부는 실재의 고찰로 이끌어 주며 그 쪽으로 〈혼의〉 방향을 바꾸도록 하기에 적합한 것들 중의 하나로 될 걸세."

469쪽

조금 더 쉽게 풀어보겠습니다.

한 번 둘러보아라. 한 개라고 할 수 있는 것이 얼마나 많은가. 그릇 하나. 책 하나. 사과 하나 …… 셀 수 없이 많다. 그런데 이들은 모두 크기도 모양도 다 다르다. 그런데도 모두 하나라고 한다. 사과가 하나라면, 그것과 모양과 크기가 다른 '책' 은 하나라고 할 수 없지 않은가? 반대도 마찬가지일 것이다. 자, 이러니 헷갈리지 않을 수 없다. 헷갈리니 캐물을 수밖에. '하나' 란 도대체 무엇인가? 이물음에 말을 내놓으려고 이리저리 머리를 굴린다. 그러다가 드디어 '아, 눈에 보이는 것 말고 눈에 보이지 않는 것도 있구나. 그것이 똑같기에 그릇도 하나라 하고 책도 하나라 하는구나.'

이렇게 해서 우리는 감각을 벗어나서 '감각 너머에 있는 존재' 에

다가간다는 소리입니다. 이렇게 하여 '혼의 전환' 즉 감각적인 것만을 바라보고 있던 혼이, 정신적이고 비물질적인 것으로 눈길을 돌린다는 얘기지요.

그러면 수학을 통해 '혼의 전환'을 가져올 수 있는 것은 '수'와 '계산' 뿐일까요? 그렇지 않습니다. 기하학과 천문학(수학적인 천문학)도 그렇게 구실을 할 수 있다며, 그는 "정작 생각해보아야 할 것은 기하학의 많은 부분이 그리고 그 고급 단계가 '좋음(善)의 이데아'를 더 쉽게 '보도록' 만드는 데 어떤 점에서 기여하는 면이 있는가"(473쪽)라고 물었습니다. 다시 말해 기하학을 배우는 까닭은, 영원이 좋은(善) 것으로 남아있을 것이 비록 물질세계에는 없지만 정신세계에는 있다는 것을 깨닫자는 데 있다는 것입니다.

물질적이고 세속적인 것이때로 욕망을 채워주고 승리와 명예를 가져다줄 수도 있겠지만, 끝내는 헛된 것일 수밖에 없다는 것을 기하학을 통해 깨닫자는 것입니다. 이것이 바로 기하학을 배우는 까닭입니다. 그러니 그것을 깨달은 자는 거기에 종노릇하지 않고, 자유인으로 살아갈 수 있지 않겠느냐! 이것이 플라톤이 수학공부를 그토록 높이 쳤던 까닭입니다.

그런데 한 나라의 통치자가 '돈'에 목말라 하고 '이기기 위해' 물불을 가리지 않는다면, 그 나라는 암투와 반목 속에서 허우적거리게 될 것입니다. 그래서 플라톤은 다음처럼 생각했습니다. 통치하는 것보다 더 좋은 것, 즉 훌륭하고 슬기로운 삶이 있다는 것을 알고 있는 사람들이 통치하는 나라가 가장 잘 경영될 것이라고. 플라톤의 말을 직접 들어보겠습니다.

> "통치하는 것보다도 더 나은 삶을 장차 통치하게 될 사람들
> 에게 자네가 찾아 준다면, 결코 황금으로 부유한 자들이 아니
> 라 행복한 사람이 마땅히 풍부히 지니고 있어야만 하는 것,
> 즉 훌륭하고 슬기로운 삶으로 풍부한 자들이 통치하게 될 것
> 이기 때문이네."

460쪽

이렇게 말하고는 옆 사람에게 플라톤은 물었습니다. "자넨 정치
적인 관직을 깔보는 삶으로서 참된 철학자의 삶(지혜만을 사랑하는
삶—저자) 이외에 다른 것을 댈 수 있겠는가?"(461쪽)라고. 정치적인
관직에 목말라 하는 사람은 명예욕, 물욕에 휘둘릴 사람이기에 그
런 사람을 통치자로 내세울 수 없다고 여긴 것이지요.

수학공부를 이야기하면서 플라톤의 철인왕哲人王을 제가 끌어들
인 까닭이 이제 밝혀졌을 것입니다. 그러니까 수학공부는 올바른
통치자를 기르는 한 가지 방법이었던 것입니다. 여태까지 밝힌 것
을 좀더 일반적으로 말하면, 플라톤과 그의 학파에 있어서 수학공
부는 다름 아닌 세속적인 욕망과 집착을 싹둑 잘라내 자비심을 가
지려 하는 참선이었고, 수기안인修己安人 즉 자신을 잘 닦아 다른 사
람들을 편안히 해주려는 '수양의 길' 이었다고 말할 수 있습니다.

이렇게까지 플라톤의 말을 따와서 제 말을 세웠음에도, 플라톤의

이데아론만 들은 사람은 '관념론자 플라톤' 운운하며 제 말을 미심쩍어 할 것입니다. 이런 분들을 위해 한국이 낳은 위대한 형이상학자이면서 스승의 길이 무엇인지를 몸소 보여주신 박홍규 선생이 제자들에게 들려주셨던 말씀을 여기에 싣겠습니다.

> "플라톤은 연습을 가지고 현실 문제에 대한 어떤 결론을 내리지 않아. 어떤 대화편이건 다 현실에 대한 탐구를 하고, 그걸 파본 다음 어떤 결론을 내리지 연습 가지고는 하지 않아. ……(중략)…… 플라톤은 형상 이론ideal theory을 얘기했으니까 관념론자idealist라고 하지만, 내가 보기에는 정반대의 성격이 있어. 왜냐하면 그 사람은 스무 살 때 소크라테스가 죽는 것을 목격한 사람 아냐? 그리고 정치학 했던 사람 아냐? 편지에도 30인 정치한 놈들 나쁜 놈들이니 뭐니 하는 소리 나오거든? 그 사람은 첫째로 정치가 아냐? 현실에 대해서 그렇게 관심이 많은 사람이 없어. 현실에 관심이 많기로는 요새 마르크스나 똑같은 사람이야 ……(중략)…… 플라톤은 절대로 현실주의자이고, 자기가 살고 있는 세상을 허구의 세상으로 말한 적은 없어, 난 없는 줄 알아. 현상의 세계에 소크라테스가 있는데 여기는 그의 현상現象이 돌아다닌다, 그런 소리 난 못 들어봤어. 절대 못 들어봤어. 항상 실제 여기 있는 소크라테스지."

《형이상학 강의 2》, 400-403쪽

그런데, 철학자요 수학자인 화이트헤드Whitehead가 말했듯이 "서양철학사는 플라톤에 대한 주석일 뿐"입니다. 다시 말해 서양 지성사는 플라톤의 입김을 벗어나질 못했습니다. 그러니 서양 지성사 전체에서 수학공부는 참선이었고 '수기안인'의 길이었다고 해도 지나친 말은 아닐 것입니다. 이런 까닭에 데카르트·칸트·라이프니츠·러셀·화이트헤드 등 서양 철학사에 이름을 뚜렷하게 새긴 사람치고 당대 최고의 수학자가 아니었던 사람을 찾아보기 힘든 것입니다.

이제 우리는 수학을 공부하는 까닭을 또렷하게 말할 수 있습니다. 수학공부를 잘하는 것이 도덕적인 사람이 되는 길이라는 데도 같은 장단을 칠 수 있습니다. 물론 물질에 대한 욕망을 벗어나기 위해서만 수학공부가 필요한 건 아닙니다. 과학 기술의 발전과 경제를 더 잘 파악하기 위해서 수학이 필요한 것도 사실입니다. 그렇지만 특정 분야로 나아갈 학생만이 아니라, 모든 학생이 수학공부를 해야 하는 까닭은 아무래도 과학 기술을 발전시키기 위해서라기보다는, 플라톤이 말한 것처럼 참된 것을 깨달아 헛된 것에 끌려다니지 않기 위해서라고 해야 할 것입니다. 그렇지 않다면, 일부 학생만 수학을 깊이 배우고 나머지는 사칙연산만 해도 아무런 탈이 없을 텐데, 굳이 모든 학생에게 그렇게 깊이 있는 수학을 요구하는 까닭을 찾을 수 없기 때문입니다.

위에서 보았듯이 수학은 헤아림 그것도 객관적이고 보편적인 것에 대한 헤아림을 불러일으킵니다. 이것 때문에 수학을 공부합니

플라톤

데카르트

칸트

라이프니츠

러셀

화이트헤드

수학공부는 계산능력에 있는 것이 아니라
헤아리는 힘에 있음을 보여준 당대 최고의 수학자들

다. 다시 말해 헤아림을 불러일으키지 않는 수학공부는 수학공부가 아니라고 어느 정도는 말할 수 있습니다. 물론 수학의 노벨상이라는 필드 상을 받은 히로나카 헤이스케廣中平祐가 《학문의 즐거움》에서 "수학에는 명확하게 기술적인 측면이 있다. 또한 수학만의 독특한 기술이 존재한다"(130쪽)고 했듯이, 학생들은 수학에 들어있는 기술을 익혀야 합니다.

그렇기는 하지만 '기술'이 '헤아림' 앞에 올 수는 없습니다. 이치가 이러한대도, 우리의 수학 교육은 반복과 선행학습으로 대표되는 '기술 익히기'에 너무도 푹 빠져 있습니다. 이런 수학공부는 올바른 길이 아닙니다. 우리나라의 수학 교육이 올바른 길을 걷고 있지 않다는 점을 밝히기 위해 두 가지만 들겠습니다. 우선 그렇게 많은 시간을 들여 수학공부를 했음에도, 수학을 통해서 정신적 세계의 아름다움에 반했다는 사람이 별로 없다는 점입니다. 다음은 고등학교 때까지는 국제수학경시대회가 되었건 학생들의 평균 수학성적이 되었건 간에 국제적으로 다섯 손가락 안에 들어가지만, 대학교 이후에는 그렇지 못하다는 점이 그것입니다. 왜 그럴까요? 수학을 통찰하고 깨우치는 것이 아니라, 선행학습을 통해 수학을 공부하고 외는 데 그 까닭이 있습니다. 지나친 선행학습이 얼마나 나쁜지를 보도록 하겠습니다.

예를 들어 이상의 시詩에서 문제를 내고 그것을 초등학교 5, 6학년에게 풀게 하면 풀 수 있을까요 없을까요? 풀 수 없다고 많은 사람이 대답하시겠지만 풀 수 있습니다. 어떻게 그 어린아이들이 그 어려운 시에서 나온 문제를 풀 수 있을까요? 반복이 지닌 마술 때문입니다. 처음에는 틀리겠지만, 그 시에서 나올만한 문제를 몽땅 다룬 문제집을 몇 번만 풀면 그 학생은 척척 정답을 찍을 수 있습니다. 몇 년을 뛰어넘는 선행학습도 반복하면 된다는 소리입니다.

자, 그러면 이 어린 학생의 실력은 그만큼 는 것일까요? 시를 그만큼 잘 감상할 수 있게 된 걸까요? 이상의 시에 버금가는 다른 시까지 잘 감상할 수 있게 되었을까요? 전혀 그렇지 않습니다. 외려 시를 감상하는 길이 아닌 엉뚱한 길을 그의 몸에 새겨놓은 것입니다. 게다가 그 학생은 그 시에 대한 신비감마저 잃어버렸으니, 헛고생이 아니라 손해가 난 것입니다. 지나친 선행학습은 이렇게 잘못된 길입니다.

그러면 어떤 길을 걸었을 때 수학의 길을 올바로 걸었다고 말할 수 있을까요? 어렵고도 어려운 물음입니다. 그렇기는 해도 몇 가지는 답할 수 있습니다. 수학을, 특히 어린이들은 체험해야 한다는 것이 그 첫째입니다. 어린이들은 추상적 개념과 증명을 통한 인과관계 속에서 기쁨을 느낄 수 없기 때문입니다. 수학에서 기쁨을 느끼지 못하면서도, 수학에 들어있는 수학 정신을 만날 수 있다는 것은 말이 안 됩니다. 그래서 발도르프 교육학인 《자유를 향한 교육》은 다음처럼 못박은 것입니다.

"기하학은 그것으로부터 무언가를 '증명' 할 수 있기 훨씬 이전에 '체험' 될 수 있는 것이다. ……(중략)…… 아이들에게서

인과성에 대한 욕구가 깨어나고 그와 더불어 예를 들면 대수
학 같은 추상 개념에 대한 기쁨이 깨어나는 발달단계에 이르
렀을 때, 그러니까 열두 살이 다 차고 나서야 비로소 본래의
증명으로 넘어가야 한다."

191-192쪽

수학을 체험하기 위해서는, 수를 배울 때도 그냥 하나 둘 셋 해서
는 안 되리라 여깁니다. 그렇다면 어떻게 학생들이 '수'를 만나게
해야 하는가? 다음과 같은 것이 본보기가 될 수 있을 것입니다. "하
나인 것은 뭐가 있죠?"라고 물으면, 학생들은 틀림없이 하나로서
전체를 이루는 것 가령 해·달·지구·아빠·엄마를 말할 것이고,
좀 일된(조숙한) 어린이는 '나'를 말하기도 할 것입니다.

"그럼 둘인 것은 뭐가 있죠?"라고 물으면, 팔·다리·눈을 말하
기도 하고, 해와 달·하늘과 땅·아버지와 어머니를 말하기도 할
것입니다. 앞엣것들과 뒤엣것은 틀림없이 서로 같은 켜에 속한 것
이 아니지만, 두 가지 모두 둘임엔 틀림없습니다. 뒤엣것까지 말했
다면, 그 학생은 틀림없이 '둘'의 본질적인 뜻을 벌써 거머쥐었다고
봐야 할 것입니다. 둘은, 겉으로 드러난 대상이 둘이기도 해야겠지
만 그 두 대상이 같은 것이거나 또는 한 바탕 위에서 그 두 대상이
합해져 전체를 이루는 것이었을 때 둘이라 할 수 있습니다. 그러니
이 학생은 논리적으로는 둘의 개념을 설명하지 못한다 하더라도,
이미 알아채고 있는 것입니다. 연필과 칼을 둘이라 할 순 있겠지만,

연필과 시계를 둘이라 하기엔 뭔가 꺼림칙함을 그는 이미 느끼고 있는 것입니다. 만약 연필과 시계를 드는 학생이 있다면 '그것은 둘이 아니라, 두 가지' 라고 알려줘야겠죠.

그러면 셋은? 넷은? 하고 물을 때마다 학생들의 눈은 빛나고, 그 수로 전체를 이루는 것을 찾아 그들이 겪은 모든 것을 뒤질 것입니다. 그래서 학생들은 자신의 언저리를 온통 '수' 로 재게 되는데, 그러면서 참으로 희한한 것들도 그들은 찾아냅니다. 예를 들면 '어제 갔던 동물원의 사자 수' 라고 한다거나 '내 이름 글자 수' 라고 말하게 됩니다. '수' 와 이렇게 만나고 나면, 수의 추상적 의미를 생생하고 바르게 느끼게 되어 수학을 좋아하게 될 뿐만 아니라, 수를 가지고 장난하면서 수에 들어있는 이러저러한 비밀들을 찾아내게 될 것입니다. 영화 〈박사가 사랑한 수식〉에는 수 속에 들어 있는 신비감이 아주 감동적으로 잘 나와 있습니다.

사실 '하나' 라는 말은 얼마나 쉽습니까? 그렇지만 곰곰이 따져보면, '하나' 만큼 어려운 말도 없음을 알 수 있습니다. 모양과 색, 크기가 다 제각각인데도 그냥 우리는 '하나' 라고 하고 있으니, 제각각인 것들을 어떻게 다 똑같다고 할 수 있는지 참으로 놀라운 일이라 아니할 수 없습니다. 플라톤이 생각했던 것처럼 이데아 세계에 '진짜 하나' 가 있어서 그것에 하나하나 비추어보니, 모두가 그것과 비슷하기에 하나라 하든지, 칸트가 말한 것처럼 사람의 생각하는 방식이 원래 그렇게 되어 있어서 그러는지를 판때리는(결정) 것은 어려운 문제입니다. 하지만 어느 경우가 되었건, 이 세상에 있는 모든 것

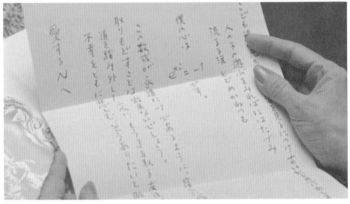

"잃을 것이 이제 아무것도 없어. 그저 있는 그대로를 받아들이고 자연에, 자연에 내맡기고 한순간 한순간을 살아나가려고 해."〈박사가 사랑한 수식〉 중에서.

특정한 때를 절대시하여 모든 의식을 그때에 붙들어 매놓으려는 '$e^{\pi i}=-1$'의 수식으로 표상되는 세계가 햇살을 받고 흐르는 물결처럼 바람을 가르며 등장한 한 사람에 의해 '$e^{\pi i}+1=무(無)$'의 세계, 즉 온갖 것을 품고 있는 무의 세계가 열리는 것을 이 영화는 보여준다.

을 다 '하나' 란 말로 묶을 수 있다는 것을 알아차린 뒤 느끼게 되는 놀라움은 다르지 않다고 생각합니다.

'수' 앞에서 얼마나 놀랐으면, 피타고라스는 "세상 모든 것의 바탕이 수"라고 했을 것이며, 또 어떤 사람들은 이름에 들어있는 획수가 그의 운명을 못박는다고까지 생각했겠습니까? 이 정도가 되면 너무 갔다 싶지만, 수 앞에서 아무런 느낌도 가질 수 없는 사람은 반대로 너무 못 미쳤다고 해야 할 것입니다.

곱셈을 배울 때도 그냥 구구단 표를 왼다면, 계산을 빨리 할 수 있을지는 몰라도 곱셈의 본래적인 뜻에는 전혀 이르지 못할 것입니다. 그래서 응용력이 생기지 않는데, 예를 들면 8 곱하기 9하면 그냥 기계적으로 72를 떠올릴 뿐, 8 곱하기 10이 80이니까 거기에서 8을 빼주면 된다고는 생각하지 못하게 됩니다.

지금 사교육에서 벌어지고 있는 수학 교육은 이 정도가 아닙니다. 세 자리, 네 자리 곱셈을 누가 빨리 하느냐를 놓고 초를 재는 경쟁을 시킵니다. 다 풀어도 소용이 없습니다. 얼토당토않게 짧은 시간을 주고는 그 시간 안에 풀어야 한다고 말합니다. 못박아 말하건대 이 것은 수학공부가 아니라 곱셈 훈련일 뿐입니다. 이런 훈련을 통해서는 수학의 정신, 수학 세계의 아름다움을 절대 맛볼 수 없습니다.

곱셈을 통해서 너저분하게 널려있는 덧셈을 간추려 다잡는 것도 배워야겠지만, 수에 들어있는 리듬도 곱셈을 통해서 배워야 한다고 생각합니다. 3단을 한다면 왼발 구르고 오른발 구른 다음 손뼉을 치면서 3 하고, 다시 왼발 구르고 오른발 구른 다음 6 하고, 계속해서

115

9, 12 하면서 수의 리듬을 몸에 익힐 수 있습니다. 8단을 한다면 학생 모두가 빙 둘러 서서 차례대로 1·2·3·4·5·6·7을 하고 여덟 번째 학생은 '팔' 하면서 팔딱 뛰고, 계속해서 9·10 …… 하다가 '16' 하면서 팔딱 뛰고, 계속해서 80까지 할 수 있습니다. 이렇게 하면 곱셈이 단순한 암기거리가 아니라, 수의 배열이자 리듬이란 것을 느끼게 될 것입니다. 이것은 고등학교에서 순열이나 수열을 배울 때 큰 구실을 하리라 생각합니다.

'우리 학생들은 도형에 매우 약하다. 보조선을 그으면 그냥 풀리는 문제인데도, 보조선을 그어야 한다는 걸 생각하지 못해, 그런 문제만 나오면 대부분이 쩔쩔 맨다'는 소리를 어느 수학 선생님으로부터 들은 적이 있습니다. 수학을 문제 풀이와 공식 적용, 심지어는 암기로 여겼기 때문에 그렇다고 생각합니다.

도형 시간에는 컴퍼스와 연필을 써서 윤곽선만을 그을 것이 아니라, 거기에 색까지 칠하게 하면 학생들은 도형에서 재미를 느낍니다. 컴퍼스만을 써서 선분의 한 가운데 찾기를 배운 다음 양쪽 줄을 각기 다른 색으로 칠하기도 하고, 컴퍼스와 눈금 없는 자만 써서 정사각형을 만든 뒤 자기가 좋아하는 색으로 칠합니다. 그리고 둥근 원 속에 세 방향으로 빛나는 별, 네 방향으로 빛나는 별, 여섯 꼭지를 가진 별을 컴퍼스와 눈금 없는 자만 써서 그린 다음, 거기에 아름답게 색을 칠하게 하면 학생들은 그 시간 내내 즐겁게 수업에 임합니다.

위에서 들었던 예들은, 독일의 발도르프학교에서 실습 시간에 제가 실제로 1·3·5학년 학생들과 해본 것이기에 '이런 식의 수학공부가 학생들을 최소한 즐겁게 한다'고는 자신 있게 말할 수 있습니다. 어떤 것을 즐거워하면서도, 그것을 잘못 다룬다는 것은 있을 수 없는 일이기에, 이렇게 수학을 즐겁게 배운 학생들은 틀림없이 수학을 잘 알 것이라고 생각합니다.

둘째는, 수학이 보여주는 세계가 '참으로 아름답다'는 생각에 이를 수 있어야 올바른 수학공부의 길을 걸었다고 할 수 있습니다. 아름답다는 느낌을 주는 것은 많은데, 그러면 수학이 알려주는 아름다움은 무엇일까요? 규칙성·균형·깔끔함 등이 그것입니다. 그런데 모든 아름다움이 다 그렇듯이, 한 곳에 머물러서 다소곳이 마음을 열기 전에는 수학의 아름다움도 제 꼴을 드러내지 않습니다. 이 문제에서 저 문제로 막 넘어가는 것은, 여행을 갔다가 이곳에서 저곳으로 재빨리 뛰어다니는 것과 같습니다. 그때 우리에게 남는 것은 '그곳에 가 봤다'와 '몇 장의 사진'이지 그곳의 아름다움은 아니지요. 마찬가지로 수학 문제를 헐레벌떡 풀고 남는 것은 '다 풀어봤다'지, 그 속에 들어있는 '정신을 만났다'는 아닙니다.

마지막으로 헤아리는 힘을 일깨우는 수학공부이어야 합니다. 이 점은 특히 중학생 이상에게 중요합니다. 이들은 추상이나 인과관계에서도 기쁨을 느낄 수 있는 나이가 되었기 때문이지요. 이 나이부터는 수학에서 감각적인 것을 점점 덜어내고 순수 헤아림(사유)으로 한 발 한 발 더 들어가야 합니다. 물론 많은 문제풀이를 통해서가 아니라, 골똘한 헤아림을 통해서 그 곳에 가야한다는 말은 덧붙일 필요도 없겠지요?

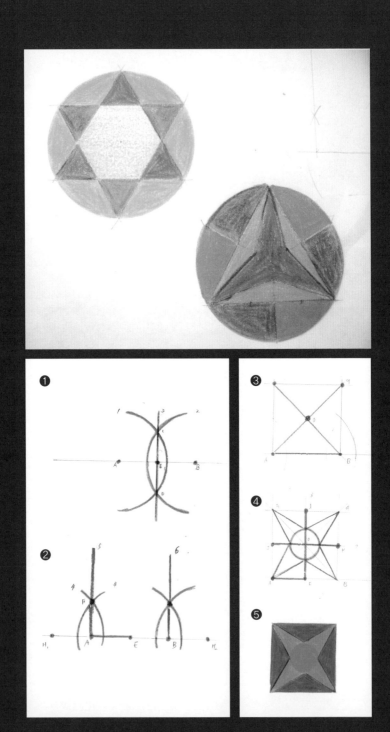

눈금없는 자와 컴퍼스만을 써서 별모양을 그리고 색칠하기.
추상적인 도형의 구체화를 통해 만나는 헤아림과 느낌

헤아림을 키우기 위해서는 많은 문제를 풀어보아 문제유형에 익숙해지기보다는 똑같은 문제를 여러 방식으로 풀어보는 것이 좋습니다. 똑같은 문제인데도 푸는 방식을 달리하여 풀 때마다 학생들의 수학적인 지식들이 낱낱으로 떨어져 있는 것에서, 서로 이어지고 엮여져 점점 더 온전해질 것이기 때문입니다. 여러 방식으로 풀이해봄으로써, 학생들은 좀더 온전한 수학 지식만이 아니라 좀더 너그러운 마음도 갖게 되리라 믿습니다. 길은 하나가 아니라 여럿이라는 생각을 몸소 느낄 수 있기 때문이지요. 그렇다고 무턱대고 새로움만을 쫓는 것이 아니라 바른 길을 찾으려는 마음도 길러줄 것입니다. '새롭되 바른 길'을 찾는 마음에만 우리는 '창의성'을 돌릴 수 있기에, 그 길은 '참된 의미의 창의성'까지 키운다고 해야 할 것입니다.

학생들이 이렇게 탄탄하면서도 퍼져가는 수학 지식에 이르게 되면, 그것은 다른 학문을 이해할 수 있는 보편성도 길러줄 것입니다. 가령 마르크스가 말한 '돈의 물신성'을 '함수'를 푸는 힘으로 알아채는 것 등이 그것입니다. 자본주의 사회에서는 모든 물건 심지어는 사람까지 '돈'으로 값이 매겨지기에, 물건의 가치가 사용가치가 아니라 얼마마한 돈으로 바뀔 수 있는가라는 교환가치에 있다는 마르크스의 통찰을, 함수를 아는 학생은 금세 깨닫게 된다는 소리입니다.

여기까지 저는 매우 많은 쪽수를 '수학공부의 푯대와 그 길'을 밝히는 것으로 채웠습니다. 서양 학문을 고스란히 받아들인 우리 시대이기에 서양 학문의 바탕이자 기둥인 수학을 올바르게 이해해야 한다고 여겼기 때문입니다. 다시 말해 수학의 정신성이 그들이 만들고 찾아낸 모든 교과에 퍼져 있으니, 지금 우리가 배우고 있는 모든 교과에도 그러한 수학의 정신성이 녹아 있다는 생각에서 그렇게 한 것입니다.

● 과학

왜 과학을 배우고 알아야 하는가? '과학입국科學立國' 침대는 가구가 아닙니다. 과학입니다' 는 말에서 보듯, 과학 속에서 살아가는 요즘이다 보니 저의 물음이 자못 생뚱맞게 들리리라 생각합니다. 과학은, 공기가 그렇듯이 이미 우리 삶에서 빼놓을 수 없는 것이 되었음을 받아들임에도, 아니 그렇기에 더더욱 위의 물음은 물어볼 만한 값어치가 있다고 여깁니다.

과학이 이처럼 우리 살갗에 와 닿게 된 것은, 과학이 산업자본과 기술을 만나 이룩한 풍요와 자연에 대한 통제에 말미암으리라 여깁니다. 그렇게 이루어낸 풍요와 자연에 대한 통제가 많은 골칫거리를 만들어낸 게 사실이고 그것을 바로 잡으려 애써야겠지만, 그럼에도 과학을 통해 인류가 받은 혜택은 혜택대로 높이 사야 할 것입니다. 이 말에 어깃장을 놓고 '자연의 위대함' 만 말하는 사람이 있다면, 그분은 '자연의 무자비함'과 자연의 위대함만이 아니라 '한 사람 한 사람의 삶이 가지는 위대함' 에 대해서도 눈길을 주어야 하리라 생각합니다. "극복되어야 할 사람" 이라고 니체Nietsche가 말했는데, '극복되어야 할 자연'도 영 틀린 소리는 아닐 것입니다. 우리의 생각 속에 있는 자연은 폭풍우치고 해일을 일으키는 실제 자연이 아니라, 조화 속에 있다고 여겨지는 '이상적인 자연'이기 때문입니다.

그렇기는 하지만, 과학의 구실이 풍요와 자연에 대한 통제가 근본 목적이고, 거기에서 그쳐도 괜찮은가? 만약 이 말이 맞는다면, 모든 학생들이 과학을 배울 필요는 없다고 생각합니다. 중고등학교 시절에 배운 과학 지식으로는 위에서 든 목적을 이룰 수 없을 뿐더러, 실생활에도 별 도움을 주지 못하기 때문입니다. 위에서 든 과녁을 맞히기 위해서라면, 그야말로 과학 중고등학교를 만들어 그 학생들만 과학을 배우는 게 더 빠른 길일 것입니다. 이렇게 말해놓고 보니 어딘가 영 께름칙합니다.

그것은 대부분의 학생들이 과학을 공부할 까닭이 있다는 직관 때문일 것입니다. 사실이 이러하니, 과학공부와 삶의 문제가 어떻게 잇대어져 있는가를 또는 잇대어져 있어야 하는가를 살피는 게 더 올바른 길인 듯싶습니다. 그렇지만 현대의 자연과학은 삶의 인문적인 문제에서 한 발 비껴서 있는 듯합니다. 존 듀이의 말을 들어보겠습니다. 《민주주의와 교육》에서 그는 "자연을 다루는 과학은 인간과 아무 관계가 없으며, 그 반대의 경우도 마찬가지라는 생각을 주입하려는 의도를 가지고 교육하기라도 하는 듯하다"(418쪽)고 하면서 "자연과학에 관한 교과 내용이 인간의 문제에서 차지하는 위치를 확실하게 해야 한다"(422쪽)고 했습니다.

그러면서 그는 학생들 대부분이 전문 과학자가 될 사람들이 아님에도 과학을 배우는 까닭은 그것을 통해 인격을 다듬을 수 있기 때문이라고 했습니다. "대부분의 학생들은 오직 과학이 정신적 습관에 미치는 영향, 말하자면 정신적으로 더 기민하게 되고, 더욱 개방된 마음을 갖게 되고, 잠정적인 가설을 받아들이고, 주장 또는 제안된 아이디어를 검증하는 데에 더 적극적인 태도를 가지게 되는 것 때문에 과학을 공부한다고 생각하면, 현재의 방법은 확실히 그릇되었다"(418쪽)는 말이 그것입니다.

과학공부를 하는 까닭은 '올바른 정신적 습관'을 기르는 데 있다고 볼 때만, 모든 학생들이 과학공부를 해야 하는 지금의 교육과정이 올바르다고 여길 수 있습니다. 그래서 과학을 통해 얻을 수 있는 정신적인 것들을 조금 더 살펴보겠습니다.

우선 과학은 세상에 있는 모든 것들의 있음새 즉 그것들이 뿔뿔이 있지 않고, 이리저리 엮여 있을 뿐 아니라 그것들이 똑같은 원리와 법칙에 따르고 있음을 알려준다는 점입니다. 이것이야말로 우주의 기적이고 우리를 놀라게 하는 것입니다. 물리를 통해 배워야 할 것은 바로 이 놀라움이라 생각합니다. 그렇다면 개체란 헛소리에 지나지 않는가? 그렇지 않다는 것을 화학이 가르쳐주고 있습니다. 세상에 있는 모든 것은 같은 바탕 위에 있되, 제 색깔 제 꼴을 지니고 있습니다. 그렇게 제 색깔, 제 꼴을 지닌 것들이 다른 색깔 다른 꼴을 지닌 것과 동아리를 짓되, 제 색깔을 다른 색깔과 버무려, 새로운 색과 새로운 꼴을 이루어 냄을 화학이 말하고 있지 않습니까?

물리가 같음을 말한다면, 화학은 다름을 말합니다. 그러므로 물리의 길과 화학의 길은 사람의 길에서 멀리 있지 않습니다. 아니 물리와 화학의 길은 사람의 있음새와 있어야 할 꼴을 눈짓해줍니다. 물리에서 우리는 모든 존재의 평등함을 배우고, 화학에서는 각각의 것들이 제 색깔을 가진 개성적 존재임을 배울 수 있기 때문입니다. 삶의 길은 희뿌옇고 과학의 길은 뚜렷하니, 뚜렷한 과학의 길을 통해 희뿌연 삶의 길을 가늠하고 느낄 수 있습니다. 이렇기 때문에, 모든 학생들이 과학을 배워야 하는 것입니다.

과학을 배우는 또 하나의 까닭은 자유롭기 위함입니다. 앎은 절대적이지는 않다 하더라도, 어느 정도는 자유롭게 합니다. 우리 인간은 물질·원소·물체에 둘러싸여 있기도 하고 그 자체이기도 합니다. 그러니 그것들에 대한 앎이 없다면, 우리는 그것들에 얽매여 지낼 뿐, 그것들을 바라볼 수도 없습니다. 그리고 그것들을 유익하게 쓸 수도 없습니다. 물론 앎은, 빛과 그림자처럼 이중적이어서 자유롭게도 하지만 우쭐하고 교만하게도 한다는 점은 못박아둬야 하겠지요.

마지막으로 과학은 사실을 존중하는 마음을 키워줍니다. 과학에서 사실에 대한 존중이 빠진다면, 그것은 이미 과학이 아닙니다. 과학적 세계관을 드러냈던 칼 포퍼K. Popper가, 맞다거나 틀리다고 할 수 있는 명제 즉 '검증 가능한 명제'만이 제대로 된 명제라고 할 정도로, 과학은 사실에 뿌리를 두고 있습니다.(물론 엄밀한 의미에서라면 과학의 사실성에 대해 다른 소리를 할 수 있겠지만, 중고등학생에게 그 정도까지 필요한 것은 아니다.) 그런데 사실에 대한 존중은 도덕성에 이어져 있습니다. 김우창 선생님의 말을 따오도록 하겠습니다.

"과학적 사실에 관계된 모든 것들은 깊은 도덕적 의미를 갖는다. 사실에 대한 겸허한 개방성을 유지하며, 그것을 위하여 사뭇 금욕적인 절차적 기율을 스스로에게 부과하고, 전체적인 맥락 속에서 주어진 사실을 평가하는 이러한 일들은 과학적 탐색, 지적 수련, 지식 습득에 필수적인 것이면서, 동시에 도덕적인 품성들이다."

《이성을 향하여》, 71쪽

존 듀이도 《민주주의와 교육》에서 과학교육을 통해 얻을 수 있는 것으로 아집에서 벗어나 열린 마음이 되는 것을 꼽았습니다.

"한때 인간의 사고는 좁은 공간과 짧은 시간에 국한되어 있으며, 그들 자신이 따르던 풍속을 모든 가치의 척도라고 생각하고 그것에 얽매어 있었다. 과학적 추상과 일반화는 어느 특정한 장소나 시간에 위치하고 있는 사람이 아니라, 그것과는 관계없이 누구든지 취할 수 있는 관점을 취하는 것을 뜻한다. 이와 같이 구체적 경험의 조건이나 맥락에서 해방된다는 사실 때문에 과학이 멀리 떨어져 있다든가 '추상적'인 느낌을 주는 것이지만, 또 한편 그것은 과학이 실제에 유익하게, 새롭게 적용 될 수 있는 범위가 넓고 자유롭다는 뜻이 되기도 한다."

《민주주의와 교육》, 이홍우 옮김, 343쪽

이렇듯 과학은 자연을 지배하기 위해서가 아니라 모든 사람의 마음을 기르기 위해 필요한 것이기에, 새로운 학교에서는 느낌에 와 닿는 과학 수업을 할 것입니다. 느낌에 와 닿았을 때만, 과학이 정보를 넘어 앎이 되기 때문입니다. 이것을 위해 우리는 실험과 눈여겨 보기 그리고 그것에 대해 말 나누기를 줏대로 삼을 것입니다.

이때 중요한 것은 과학 수업도 예술적이어야 한다는 것입니다. '모든 과목의 예술화'는 발도르프에서 늘 하는 말이지요. 예술적인 과학 수업이란 어떤 것인가를, 발도르프 사범대학 시절의 교육과 느낌을 잘 갈무리해놓은 한주미 님의 《노래하는 나무》에서 따오겠습니다.

"이 날은 한 아이의 생일이었다. 교사는 아침부터 일찍 나와 이 아이의 생일을 축하하기 위해 풍선 두 개를 아이 책상 근처에 매달아 놓았다. 교실에 들어오는 아이들은 생일 축하를 위한 장식이라는 것을 금방 알아차리고, 친구에게 생일 축하 인사를 해주었다.
잠시 뒤에 선생님은 풍선으로 정전기 실험을 하겠다고 했다. 교실은 아이들의 풍선에 관한 이야기로 술렁거렸다. 선생님은 아이들에게 풍선을 나누어주면서 하나씩 불어 보라고 했다. 풍선을 불어야 하니 교실은 당연히 조용해진다. 공기를 듬뿍 들이마신 아이들의 뽈록한 뺨은 설렘으로 가득 찼다.

아이들은 풍선을 문지르기 시작했다. 서로서로의 볼에다 풍선을 문지르며 더 많은 정전기를 내겠다고 아우성이다. 교사는 아이들이 풍선을 가지고 마음껏 즐길 수 있도록 시간을 주었다. 아이들이 자유롭게 노는 동안, 교사는 자신이 가르치려고 하는 것을 아이들 스스로 발견하리라고 믿기 때문이다. 조금 지나 교사는 아이들에게 교실의 불을 끄고 커튼도 닫아 보라고 했다. 되도록 교실을 어둡게 해야 우리가 보려고 하는 것을 잘 볼 수 있다 하니 아이들은 금세 빛을 가리려고 분주하다. 교사가 어렸을 때 어둠 속에서 반짝이는 도깨비불을 보았다는 이야기를 해준다.

'너희들도 본 적이 있니?' 교사는 아이들 한 명 한 명 둘러보았다.

몇몇 아이들이 '예!' '그럼요!' 라고 대답했고, 교사는 이야기하는 동안 문지르고 있던 막대기로 조그만 형광전구를 가볍게 톡톡 쳤다.

'야! 이것 봐, 도깨비불이야!

교사는 두 번 더 도깨비불을 만들어 보여준 다음, 아이들이 직접 도깨비불을 만들어볼 수 있도록 기회를 주었다. 둘 셋씩 짝이 되어 아이들은 교실 구석구석 가장 어둡다고 생각되는 곳을 찾아가 도깨비불 놀이를 하였다. 잠시 뒤에 교사는

아이들에게 받아쓰기를 시켰다. 위대한 과학자 탈레스의 정
전기 발견에 관한 이야기였다. 그리고 교사는 아이들이 경험
한 것을 실험의 순서에 맞게 공책에 적을 수 있도록 간단한
제목을 칠판에 써주었다."

46-47쪽

과학에서 실험과 눈여겨보기가 빠지면, 숫자와 계산 그리고 법칙
만이 도드라질 것입니다. 어린 학생들이 숫자와 법칙을 몸으로 느
끼기에는 아무래도 힘겹겠지요. 그렇지만 숫자와 법칙이 감각적인
것을 통해서 드러난다면, 중학생 나이면 그것을 이해하는 데 큰 어
려움은 없을 것입니다. 그리고 눈여겨보고 실험한 것에 대해 그 의
미를 묻고 따져보는 것을 통해, 학생들은 조각조각의 지식이 아니
라 이어지고 맞물려 돌아가는 지식을 갖게 될 것입니다. 이렇게 하
면서 과학적인 느낌을 오랫동안 쌓다보면, 감각적인 것으로는 다가
가기가 어려워, 오직 상상에만 기대야 하는 것을 다루면서도, 마치
뛰어난 음악가가 악보만 보고서도 소리를 섬세하게 느끼는 것처럼,
그렇게 느낄 것입니다.

● 생명체

생명체의 계통과 갈림을 외는 것이나 눈에 보이지도 않는 세포부터
생물 수업을 시작하지 않는 것이 바람직하다고 생각합니다. 바로
옆에 있어서 감각적으로 느낄 수 있는 동물 이를 테면 소·닭·토

끼 · 돼지 등에서부터 시작하는 것이 옳은 길입니다. 그리고 여러 동물을 왔다 갔다 하는 것이 아니라, 상당한 기간 동안 한 동물만을 눈여겨보고, 그것을 그림으로 표현하고, 그 동물의 특성을 잘 드러낸 이야기를 읽고 쓰고 동무들끼리 그 동물에 대해 말을 나눠야 합니다. 이렇게 했을 때 비로소 그 동물을 백과사전적인 정보로 만나지 않고 자신의 느낌과 마음으로 만나게 될 것이며, 그러는 과정에서 눈여겨보고 잘 살필 수 있는 힘도 길러지리라 생각하기 때문입니다.

식물도 동물과 마찬가지로 우리 옆에 있어서 날마다 볼 수 있는 소나무 · 상추 · 진달래 · 감나무 등을 골라, 여러 방법으로 알아가는 것이 좋습니다. 그렇지만 이 마당에서 모든 식물과 동물, 곤충을 두루 알아야 한다고 생각하진 않습니다. 그럴 만한 시간도 없을 뿐더러, 설령 시간이 있다 하더라도 그렇게 하지 않아야 합니다. 백과사전을 외는 거나 다름없겠기 때문입니다.

물론 눈에 잘 띄는 동물, 식물을 다룬다고 해서, 눈에 띄는 부분만을 다루어야 한다는 소리는 아닙니다. 학년이 올라가면서 광합성 작용, 세포 같은 내용도 배우겠지만, 어디까지나 구체적인 하나의 식물, 하나의 동물을 배우는 중에 그것을 더 깊이 느끼고 알기 위해 다루어야 합니다. 이럴 때에야, 구체적인 것 속에 퍼져 있는 보편성을 또렷하게 거머쥐기 때문입니다. 또 여기에다가 모든 학생들이 일주일에 한 시간씩 집짐승을 돌보거나 푸성귀를 심고 기르는 것을 몸소 체험하면서 공부한다면, 참으로 알찬 배움과 익힘이 될 것입니다.

특히 꼼꼼하게 여러 학년에 걸쳐 배우고 가르칠 것은 사람에 관한 공부입니다. 겉보기로 드러나는 사람의 꼴에서부터 시작해, 겉에 드러난 각각의 것들 곧 눈·귀·다리·손가락·발가락 등을 차근차근히 하나하나 알아보고, 가슴과 배속에 들어있는 것들의 구실을, 되도록이면 시각적 자료를 통해서 배우고 또 머리의 구실을 알아볼 것입니다. 사람을 제대로 알기 위해 서양인이 이루어낸 사람에 관한 앎만이 아니라, 우리 옛분들이 이루어낸 성과도 아울러 가르쳐야 합니다. 한의학을 전공한 분의 도움을 받아, 우리 옛분들이 지녔던 자연과학적 생명관과 인간관을 다루어야 한다는 얘기입니다.

구체적으로 한의학을 어느 정도 수준에서 어떤 방식으로 학생들과 만나게 할 것인가는, 한의학에 관한 공부가 아주 없는 저로선 할 수 있는 말이 없습니다. 이 문제는 한의학을 전공하고 그것을 교육의 자리에서 거머쥔 분이 그것을 따로 밝힐 기회가 있을 것입니다. 한의학에 무지한 저이지만, 우리 옛분들이 남겨준 것 예를 들면 성리학과 견주어보더라도, 한의학이 그때나 이때나 결코 그것보다 값이 떨어진다고 할 수는 없습니다. 세계정신이 실증적이고 과학적인 방법을 그 바탕으로 하고 있는 이때, 한의학은 큰 어려움없이 지금의 정신 속에서 자신을 드러낼 수 있을 것이고, 이것을 본 학생들은 우리의 옛날과 지금이 만나는 기쁨을 누릴 것입니다.

사실 우리 옛것 중에 어떤 것이 한의학만큼 지금 시대정신과 스스럼없이 어울릴 수 있을까요? 뒤에 보겠지만 '먹거리' 정도가 손꼽히지 않을까 합니다. 먹거리도 한의학과 뗄레야 뗄 수 없는 사이

이지 않나 생각합니다. 한의학적인 입장에서 먹거리를 보았을 때 비로소 그것을 올바로 이해할 수 있겠기 때문입니다.

유홍준 선생이 뭇 사람의 입에 올려놓았던 "알면 사랑하게 되고, 그때 앎은 옛 앎과 다르다"는 말이 맞는다면, 학생들은 이 공부를 통해서 생명 있는 것을 한 없이 높이 두고볼 것이며, 특히 사람을 그리할 것입니다.

● 눈여겨보기와 책읽기

우리 교육에서 쏙 빠진 것이 바로 '헤아림, 생각하는 힘'이라고 생각합니다. 물론 지금 학생들은 교과서만을 이 잡듯이 뒤져 시험을 치러야 했던 저희 때보다 사정이 조금 좋아진 듯하지만, 제대로 된 자기 삶을 살게 해주기에는 여전히 턱없이 모자란다고 생각합니다. 성리학이 딱딱하게 굳어버린 뒤로 우리는 스스로 헤아리고 따져보는 문화를 별로 가지지 못했습니다.

조금이라도 공자나 주자의 말을 따지고 들라치면, 많은 유학자들이 득달같이 달라붙어 '성인의 말과 글은 한 자도 틀릴 수 없으니 거기에 딴죽을 걸어서는 안 된다'고 했을 뿐 아니라, "이 문화를 어지럽히고 훔쳐가는 도적놈"이란 뜻으로 사문난적斯文亂賊이라고까지 비난했습니다. 게다가 그것을 빌미로 목숨까지 빼앗아버렸으니, 스스로 헤아리고 따져보는 마음이 쪼그라들지 않을 수 없었습니다.

그런데 이런 식의 태도는 아직도 바뀌지 않았습니다. 우리 인구의 4분의 1이나 하는 기독교인 중 거의가 '성경은 한 점 한 획도 틀림이 없다' 며 이른바 '성경 축자영감설' 을 용감무쌍하게 붙잡고서 육하원칙에 따라 기록된 보고서 보듯 성경을 봐야 한다고 여기는 게 그것입니다. 혼자서만 '성경 축자영감설' 을 붙들고 있으면 그나 마 봐줄만 한데, 그 설을 부정하는 신학자들의 말을 마치 마귀의 말 인 양 여겨, 우리 사회를 맹목적인 즉 눈먼 사람들의 사회로 만들려 하고 있습니다.

정통 신학자 중에 어떤 분이 축자영감설을 따르고 있는지 모르는 데도 말입니다. 그러니 우리는 그 설이 근거가 있는 소린지 아닌지 를 따져봐야 합니다. 이것은 기독교인만의 문제가 아니고 온 사회 의 문제입니다. 우리나라 사람들이, 적어도 우리 시대를 사는 분들 이 '헤아려보지 않으려는 태도' 즉 반지성적 태도를 갖게 된 데는 성경을 글자 그대로 믿어야 한다는 축자영감설을 신주단지 모시듯 하는 기독교의 잘못이 크기 때문입니다.

이 잘못은 반지성적인 태도에서 그치지 않습니다. 다른 사람, 다 른 종교를 인정하지 않는 배타적인 사람으로 휘몰아가기까지 합니 다. 그 말의 근본정신이 무엇인지를 묻지 않고 말의 거죽만을 그들 은 믿습니다. 거죽이란 나와 남을 가르는 구실을 합니다. 그러니 말 의 거죽만을 붙들고 있는 사람들이 다른 말, 다른 생각에 배타적인 태도를 취하는 것은 어쩌면 당연한 일입니다. 그 근본정신에 들어 가 보면 똑같은 말인데도 말입니다. 그런 배타성으로 똘똘 뭉쳐 있 으니 독선적일 수밖에 없습니다.

요즘 벌어지고 있는 기독교인들의 독선과 배타적 자세는 성경에 기록된 말의 근본정신을 묻지 못하게 만드는 축자영감설에 그 탓이 있습니다. 이런 축자영감설이 사회문제가 아니라면 무엇을 사회문제라고 할까요? 그러니 예수님이 정말로 문자 그대로 믿어야 한다는 축자영감설을 내세웠는지 아니면 오히려 그것과 싸웠는지를 살펴보지 않을 수 없습니다. 사실 예수님의 삶은, 축자영감설을 절석같이 믿고 따랐던 바리새인과의 한 판 싸움이었다고 해도 지나치지 않습니다.

이스라엘인들이 지켜야 할 전승 가운데 '먹기 전엔 반드시 손을 씻으라' 는 글이 있었는데, 예수님이 손을 안 씻고 먹는 것을 본 바리새인이 '왜 당신은 손을 안 씻느냐?' 고 물었습니다. 그러자 예수님은 '밖에서 들어오는 것이 사람을 더럽히는가? 아니면 사람 안에서 나오는 것이 더럽히는가?' 라고 되물으셨습니다. 그리고는 마음의 더러움을 말씀하셨습니다. 여기서 우리는 예수님이 축자영감설처럼 글자를 곧이곧대로 따른 게 아니라, 그 말의 '본뜻' '본정신' 이 무엇인가를 따지고 캐물었다는 사실을 알 수 있습니다.

이런 사례는 또 있습니다. '안식일 날엔 일하지 말라' 는 글이, 십계명에 뚜렷이 새겨져 있습니다. 그런데도 예수님은 사람 고치는 '일' 을 안식일에도 여느 때나 다름없이 하셨습니다. 바리새인은 역시나 '안식일날 일하지 말라고 했는데, 어찌하여 그대는 일 하는가?' 라는 생각을 품었지요. 바리세인들은, 축자영감설 즉 성경을 글자 그대로 따라야 한다는 사람들의 그야말로 표본이었던 것입니다. 그러자 예수님은 "안식일 날 사람을 살려야 하느냐? 아니면 죽여야 하느냐?"고 물으셨습니다. 그리고 "안식일이 사람을 위해 있는 것이지, 사람이 안식일을 위해 있는 게 아니다"고 하셨으니, 이 또한 안식일이 왜 있고, 왜 안식일 날 쉬라고 십계명 돌판에 새겨놨는지, 그 뜻을 캐물었던 것 아닙니까? 이래도 예수님이 성경을 글자 그대로 믿고 따른 사람입니까?

사도 바울 역시 마찬가지입니다. 구약성경에 "태어난 지 여드레째 되는 날 남자 성기의 표피를 자르는 할례 예식을 치루라"는 말이 선명하게 쓰여 있습니다. 그런데도 사도 바울은 몸뚱이의 할례가 아니라, '마음의 할례'를 받으라고 말했습니다. 그리곤 몸뚱이의 할례는 유태인이 아니면 굳이 치를 필요가 없다고까지 했습니다. 그는 '왜 우리 조상들은 할례 예식을 치렀는가? 지금도 꼭 그렇게 해야 하는가? 아니면 해도 그만 안 해도 그만인가?'라고 물었던 것입니다.

기독교의 샘을 판 예수님이나 사도 바울 모두 그 글자에 담긴 본래 정신이 무엇이고 지금은 어떠해야 하는지를 깊이 캐물었던 분들이었습니다. 그렇기 때문에 글자 그대로 믿고 따라야 한다고 믿었던 이른바 축자영감설을 따랐던 바리새인과 율법학자들에게 예수님과 바울의 말씀이 크게 부딪쳤던 것입니다. 사실이 이러한 데도, 예수님을 따른다는 사람들이 성경에 쓰인 글의 본래 뜻이 무엇인지는 묻지 않고 글자 그대로 믿어야 한다며 축자영감설을 신주단지 모시듯 하니, 이들이야말로 현대판 바리새파가 아닙니까? 이들의 소리에 어찌하여 주자의 말은 한마디도 고쳐서는 안 된다면서 그의 말을 이리저리 캐묻고 따져보는 것을 사문난적이라 했던 사람들의 목소리가 묻어 있는지 알다가도 모를 일입니다. 비신앙적이고 비이성적일 뿐만 아니라, 우리 사회를 '생각이 없는 사회'로 떨어뜨리고 있는 축자영감설을 이제는 허용해서는 안 될 것입니다.

이제 한국 학생들을 '생각 없음' '생각 안 함'으로 끌고 간 학교 교육에 대해 살펴보겠습니다. 이에 대해선 많은 사람들이 자주 들춰낸 바가 있지만, 5개 중 하나를 골라잡는 수학능력시험이 학교 교육을 그리로 끌고 갔다고 봐야 할 것입니다. 가뜩이나 모든 학교 교육이 대학입학에 맞춰져 있는데, 수학능력시험이 골라잡기이다 보니 골라잡기를 잘할 수 있는 길만 학교에서 가르치는 것입니다. 물론 앞에서도 말씀드렸듯이 수학능력시험은 저희가 치렀던 학력고사보다 학생들에게 생각하는 힘을 훨씬 더 잘 자라게 한다고 믿지만, 아직도 더 나아가야 합니다.

그렇다고 대학입학시험을 주관식 즉 본고사로 무턱대고 바꿔서도 안 됩니다. 왜냐하면 지금 한국에서 어느 학생이 딴 대학 졸업장은 그 학생의 신분을 못 박는 일차적인 것이기에, 본고사의 전면적 실시는 부모의 경제력에 따라 학생의 신분을 못 박아버릴 가능성이 높기 때문입니다. 이런 상황은 거들떠보지도 않고 무턱대고 본고사로 바꿀 수는 없겠지요. 사실은 본고사가 가지는 나쁜 점이 특수목적고 외국어고등학교의 비대화로 이미 쏟아져 나오고 있습니다. 다시 수학능력시험 문제로 돌아가겠습니다.

의심스러운 것은 수학능력시험을 잘 치르기 위해 그토록 긴 시간 동안 골라잡기에 품을 들여야 하는가라는 점입니다. 저는 대학교를 졸업하고서도 몇 년이 지나, 수학능력시험 문제가 어떠한지를 알기 위해, 저 혼자 집에서 수학능력시험 문제 중 '언어영역' '사회탐구' '영어'를 풀어본 적이 있습니다. 골라잡기 연습을 안 한 지 10년이 넘었는데도, 제가 치렀던 대학입학시험보다 더 잘 치를 수가 있었습니다. 만약 교과서에서만 문제를 내는 학력고사였다면 사정은 영 딴판이었을 것입니다. 이게 수학능력시험이 학력고사보다 나아진 점이라 생각합니다. 제가 시험을 더 잘 치를 수 있어서가 아니라, 저의 지적 능력이 제가 대학입학시험을 치를 때보다 대학교를 졸업한 뒤가 훨씬 좋았기에, 나중에 치른 시험에서 더 나은 점수를 받아야 마땅한 일이겠기 때문입니다.

제 스스로 치른 이 일에서, 저는 수학능력시험을 잘 보려면 골라잡기가 문제가 아니라 '전반적인 지적 능력'을 높여야 한다고 생각하게 되었습니다. 전반적인 지적 능력이 올라가면 수학능력시험도 잘 치를 수 있는데, 왜 어른들은 학생들에게 어렸을 때부터 전반적인 지적 능력의 바탕을 마련해줄 생각은 하지 않고 골라잡기 능력만 키우려 들까요? '하던 대로 하려는 관성'과 '남들이 하듯이 하지 않으면 불안해 못 견디는 강박관념'이 그 까닭이 아닐까 합니다.

제가 학원 강사였을 때, 물리를 매우 잘해 전국과학경시대회에서 상을 탄 학생이 있었습니다. 그 학생 역시 수학능력시험 수리탐구를 위한 학원을 고등학교 3학년까지 계속 다니고 있었습니다. 너무 의아해서 "네 수리탐구 실력이면 수학능력시험을 잘 치르고도 남는데, 뭐 하러 학원을 계속 다니느냐"고 물었더니, "남들이 다 하는

데 안 할 수도 없고……"라며 말을 얼버무렸습니다. 이 말을 두고 여러 쪽에서 따져볼 수 있겠지만, 얼핏만 생각해도 그 학생의 말이 앞에서 했던 제 말을 서 있게 하는 말뚝임을 알 수 있습니다.

이런 생각에 바탕해서, 학생이 치르는 수학능력시험을 뒷전으로 두어서가 아니라 한 학생에게 수학능력시험이 현실적으로 중요함을 인정한다 해도, 일반적으로 이루어지고 있는 가르침과는 다른 방식 즉 헤아려보고 따져보는 힘을 키우는 데에 저는 뜻을 둘 수가 있었습니다. 헤아림과 따져봄을 위해 저희는 두 가지를 그 줏대로 삼을 것인데, 당장은 '눈여겨보기' 입니다.

눈여겨보기는 스스로 할 수밖에 없다는 점에서 정보암기와는 영 다른 언덕에 있습니다. 학년을 시작할 때, 학생들은 학교나 집에서 키우는 동물, 식물 중에서 스스로 하나를 골라, 그 학년이 끝날 때까지 자기가 고른 바로 그 대상을 눈여겨보고 눈여겨본 것을 공부 시간에 일주일에 한 번씩 말할 것입니다. 그리고 그것을 눈여겨보기 공책에 쓰고 그립니다.

그러면 학생들은 한 동물이나, 한 그루의 나무가 일 년 동안에 어떻게 바뀌는가를 알게 되고, 사계절과 그 생물이 어떻게 이어져 있는지도 느끼게 될 것입니다. 또한 옆 동무가 눈여겨보는 방식도 들을 수 있어, 눈여겨보는 방식을 스스로 바꿀 수도 있습니다. 자신의 방식을 바꾸지는 않더라도, 눈여겨보는 데도 여러 길이 있음도 알게 되어 다른 사람의 방법도 높이 치리라 생각합니다. 게다가 옆 학생이 눈여겨보는 대상이 자기도 늘 눈여겨 볼 수 있는 곳에 있으므로, 그 나무 그 동물을 보고서도 그냥 넘어가지는 않을 것입니다.

그뿐이겠습니까? 무엇보다도 자기가 눈여겨본 것을 좋아하게 될 것이고, 눈여겨보지 않았더라면 그냥 지나치고 말았을 오묘한 바뀜을 알아차리고, 거기에서 생명의 놀라움을 느낄 것입니다. 한국 신학을 위한 주춧돌과 기둥을 마련해 《마가복음의 기적이야기》에서 그 한자락을 선보인 저의 스승 강일상 목사께서 "생명의 놀라움을 느끼는 것이 종교의 첫발"이라고 했던 말씀이 떠오릅니다. 생명이 지닌 놀라움을 느끼고서도, 자연스럽게 도덕으로 나아가지 않을 사람은 없습니다.

이러한 눈여겨보기를 학생들은 졸업할 때까지 끊임없이 해야 합니다. 어릴 때는 바뀌는 것이 눈에 잘 띄는 것을 골라 눈여겨보는 게 좋을 거라 여깁니다. 나이가 꽤 차, 눈여겨보는 것도 익고, 마음도 따뜻해지면 옆에 있는 동무를 눈여겨보는 것도 좋겠지요. 그렇지만 이것은 학생들 모두가 흔쾌하게 받아들였을 때에나 할 수 있는 일이겠지요.

다음 줏대는 책 읽고 말 나누기입니다. 얼핏 생각하면 책읽기는 정보입력과 같은 마당에 있는 듯하지만, 곰곰이 생각해보면 책읽기는 스스로 생각하고 스스로 따져보는 밑거름이 되고 재료가 된다는 사실을 알 수 있습니다. 많이 알고 있을 때 캐물을 거리도 헤아릴 거리도 많이 생긴다는 것을 떠올린다면, 제 말에 맞장구를 치리라 믿습니다.

물론 스님들이 하시는 '말머리話頭'를 잡고서 깨우침에 이르는 것도 스스로 생각하는 길이기는 하지만, 철학자 한형조 선생이 "화두의 길은 아주 빼어난 총기를 타고난 자가 갈 길이다"라고 말씀하셨듯이, 그것은 보통 사람들을 위한 길이라 할 수는 없습니다. 어떤 가르침이 되었건 보통 사람들을 위한 길을 걸어야 하는 초등학교 과정에서는 책읽기와 눈여겨보기를 통해 헤아리기와 캐묻는 힘을 기르는 것이 좋습니다.

책읽기와 말 나누기는 선생님이 정해준 한권의 책을 학교 시간이 끝난 뒤에 혼자 읽고, 수업 시간에는 모두가 읽은 그 책에 대해서 말을 나누고 묻고 따져봐야 할 것입니다. 동아리를 이루는 수가 너무 많으면 차분하고 넉넉하게 서로 말을 나눌 수 없으므로 선생님 한 분과 학생 여남 명이 한 모둠을 이루어야 할 것입니다. 당장의 여건이 어렵다면 이 시간만큼은 한 반을 두 모둠으로 나누고 선생님 두 분이 맡아 진행하는 것도 하나의 방법일 것입니다.

읽은 책을 얼마나 잘 소화했는가뿐만 아니라 얼마나 많은 양의 책을 읽었는가도 빠뜨릴 수 없는 것이기에, 학생들은 많은 책을 읽어야 할 것입니다. 변증법에 '양量이 쌓이면 질質적으로도 영 다른 것에 이른다'는 양질전환 법칙이 있는데, 얼음에 열이 가해지면 물이 되고 또 그 물에 열을 더하고 더하면 수증기가 된다든가, 숯을 엄청난 힘으로 누르고 누르면 다이아몬드로 바뀐다는 것을 두고 하는 소리입니다. 양은 그만큼 중요합니다. 그렇다고 건성으로 대충 읽어도 된다는 소리는 아닙니다.

그런데 우리나라 보통 학생들이 읽는 양으론 빼어난 헤아림, 빼어난 캐물음에 이르기에는 턱없이 모자란다고 저는 생각합니다. 좋은 책 특히 고전의 자리에 오른 책을 읽고 혼자 그것에 대해 생각해 보거나 동무들과 이야기하면서 그 책의 속알을 갈무리하고 되씹어 두면, 그것은 그 학생이 다른 책을 더 잘 읽을 수 있는 바탕이 됩니다. 글을 수월하게 읽을 힘이 생긴 뒤부터는 거의 매일 한 권씩 읽어야겠지요. 학년이 올라감에 따라 읽는 책 권수가 줄어들긴 하겠지만, 고등학교 때도 일주일에 두 권은 읽어야 한다고 생각합니다. 책의 내용은 문학·역사·자연과학·예술·사회·시사·철학·종교·수학 등 모든 마당에 두루 걸쳐 있어야 합니다.

물론 대부분 고전의 자리에 오른 책을 골라야 합니다. 고전을 많이 읽는 것이 교육의 고갱이라는 생각은 저만의 것이 아닙니다. 많은 사람들이 여기에 함께 할 텐데, 20년대 말 시카고대학 총장으로 있으면서 그 대학에 고전독서열풍을 일으켰던 허친스Robert M. Huchins가 특히 그러할 것입니다. 그는 전통적인 교양교육에 '고전독서교육'을 하나 더 넣을 정도였습니다. "고전은 모든 시대의 과제들과 씨름한 귀한 경험들을 담고 있다"는 생각 때문이었지요. 그가 짠 100종, 144권의 '위대한 책들'을 1년에 16권씩 9년 동안 완독시킨다는 독서 계획이 그 유명한 시카고 플랜입니다. 이쯤하면 그가 얼마나 고전독서교육에 큰 뜻을 두었는지 알 수 있을 것입니다.

그런데 고전독서교육은 교양이나 도덕성을 높이는 데서 끝나지 않습니다. 좋은 책을 많이 읽으면 지적 능력이 전반적으로 올라가서, 논술은 물론이고 수학능력시험도 잘 볼 수 있게 됩니다. 이것은 학원 강사생활을 겪어보면서 제 눈으로 확인한 사실입니다. 그때 저는 책읽기 논술 언어영역을 가르쳤는데, 학생들은 대부분 중학교 3년이나 고등학교 1년 때 저에게 모둠(팀)으로 와서 고등학교를 졸업할 때까지 함께 공부했습니다. 저는 그들에게 고등학교 2학년 2학기가 되기 전까지는 논술 작성방법도 살 가르치시 않고 언어영역도 별로 하지 않았습니다. 그때까지 저는 학생들에게 좋은 글을 자주 요약하게 했지만, 나머지 대부분 시간은 책을 읽고 함께 이야기를 나누면서 보냈습니다. 그렇게 했는데도 책을 열심히 읽은 학생들 대부분은 수학능력시험을 잘 치렀습니다. 그때 저는 재미있는 사실을 하나 발견했습니다. 책읽기의 힘이 언어영역에만 미치는 것이 아니라, 사회탐구는 물론이고 영어, 심지어는 과학탐구까지 미친다는 사실이었습니다. 물론 그들은 논술도 잘 썼지요. 이것은 저만의 경험이 아닙니다.

　메가스터디의 스타강사였던 이범 님의 증언이기도 합니다. 수많은 상담과 이범 님 자신의 학생시절을 되돌아봤을 때, 독서와 자기주도학습이 공부를 잘하는 길이라고 '사교육걱정없는세상'의 등대지기학교에서 말했습니다. 초등학교 때까지 반에서 10등하다가 중학교에 들어가서 전교 1등으로 올라선 가장 큰 바탕은 수많은 책을 읽은 것이 중학교 때 뒷심으로 작용했기 때문이라고 그는 말했습니다. 이 사실을 안다면, 초등학교 때부터 책읽기를 팽개치고 논술쓰기에 많은 품을 들인다거나 문제풀이에 매달리는 것이 얼마나 잘못든 길인지도 깨달을 것입니다.

◉ 음악과 춤

사람은 왜 음악을 하는가? 이 말을 몇 마디 말로 끝낼 헤아림이 저에게는 없습니다. 하지만 '생명의 본디 꼴이 음악적이기 때문이다'라고는 할 수 있을 듯합니다. 생명은, 이제나 저제나 똑같은 것도 아니고, 그렇다고 아무렇게나 들쭉날쭉 하는 것도 아닙니다. 바뀌되 바뀌는 흐름이 있고, 흐름이기에 속속들이는 아니지만 거기에는 알아볼 만하고 이해할 만한 구석이 있습니다. 그냥 흘러가기만 하는 게 아니라, 세참과 약함이 번갈아 자리합니다. 이리하여 흐름이 묶일 수 있고 그렇게 묶인 흐름끼리는 닮은 데가 있습니다. 생명이, 맺고 풀면서 흘러가는 자연을 닮아서 그러할 것입니다.

그런데 이 꼴은 영락없이 음악의 꼴이기도 합니다. 머물러 있지 않은 게 음악이고 생명이지만, 영 엉뚱한 게 튀어나와도 편치 않기는 삶이나 음악이나 마찬가지입니다. 다시 말해, 바뀌되 바뀌는 흐름을 알아볼만한 게 음악이고 생명인 것입니다.

어떻게 삶과 음악이 꼭 닮을 수 있었을까요? 음악이란, 생명의 길을 거머쥐어서 그것을 더 알아보기 쉽게 나타낸 것이어서 그러하리라 생각합니다. 공자는 "시를 통해서 흥기하고, 예를 통해 서며, 음악을 통해서 이룬다(興於詩 立於禮 成於樂)"고 했습니다. 순 임금 때의 음악을 가리켜 "진리와 아름다움만으로 이루어진 음악"이라 할 정도였으니 그럴 만도 했을 것입니다.

공자는 자신이 살던 당시에도 그런 음악이 들리기를 바랐습니다. 하지만 "진리와 아름다움만으로 이루어진 음악"이 공자 시대에는 울려 퍼질 수 없었지요. 음악은 그 시대를 사는 사람들의 꼴을 따라서 그 꼴을 짓기에, 약육강식의 춘추전국시대에 "온통 진리와 아름다움만으로 이루어진 음악"이 울려 퍼지지 않았던 것은 당연합니다. 이렇듯 음악이 그 시대 사람들이 살아가는 꼴을 따라 이루어지는 것이라면, 거꾸로 음악이 그 시대 사람들의 삶의 꼴을, 뜻깊게 바꾸고 이룰 수는 없는 것일까요?

그리스의 수학자이자 현인인 피타고라스는 그럴 수 있다고 보았습니다. 그는 더럽혀진 사람의 마음을 음악으로 씻어낼 수 있다고 보았던 것입니다. 그래서 그의 동아리에서는 깨끗한 마음과 본래의 정신적 삶을 위해 온 마음으로 음악을 익혔습니다. 새로운 터에서 음악을 배우는 까닭도, 바로 여기에 있어야겠지요. 물론 음악이 주는 흥겨움도 빠뜨리지 않을 텐데, 그 또한 삶이 가지는 본래의 흥겨움 속에서 이해할 것입니다.

음악에서 맨 밑바닥에 놓여야 할 것은, 소리의 높낮이와 길고 짧음 그리고 이들이 어울려 이루는 가락입니다. 새로운 학교에서는 5음계로 이루어진 곡을 노래 부르고 피리 불면서 음악의 첫 바탕을 다지려 합니다. 그래서 피리도 1, 2학년 때는 '5음계 피리'를 쓸 것입니다. 일반적인 피리는 7음계여서 한꺼번에 그 모두를 익히기엔 음이 너무 많고, 피리 구멍이 너무 많아, 손가락을 섬세하게 쓰지 못하는 어린 학생들이 다루기엔 수월치 않기 때문입니다. 5음계 피리

피타고라스와 음악

소리의 시각화 즉 공감각을 발도르프학교에서는 이렇게 배운다. 2학년 음악공책에서(위)
발도르프에서 쓰는 5음계 피리와 일반적인 피리(아래)

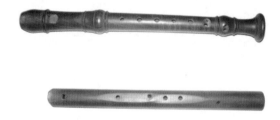

를 씀으로써, 우리만이 아니라 서양의 옛 음악도 5음계로 이루어져 있는 것이 많다는 것도 알게 될 것입니다.

소리의 높낮이 쪽에서 보았을 때, 목소리와 피리소리는 영 딴판이라 할 수 있습니다. 목소리엔 붙박이 자리가 없지만, 피리엔 붙박이된 자리가 있다는 게 그것입니다. 다시 말해 목소리는 흐름 속에 있지만, 피리는 딱딱 떨어지는 소리를 갖고 있습니다. 피리의 이런 꼴새 때문에, 절대음을 익히는 데에는 목소리나 줄 악기보다는 피리가제격이라 생각합니다. 물론 피아노도 피리와 마찬가지라 할 수 있지만, 피아노는 많은 학생들이 한꺼번에 다룰 수 없을 뿐더러, 어린 학생의 몸집에 견주어보더라도 피아노의 덩치는 지나치게 큰 편입니다. 악기가 사람을 짓누르는 느낌을 줄 수도 있겠지요. 그래서 가락의 첫발을 떼는 어린이에게는 피아노보다도 피리가 더 낫다고 여깁니다. 3학년부터는 보통 우리나라 학생들이 쓰는 '7음계 피리'를 불고, 악보 보는 법을 배울 겁니다. 4학년 땐 한두 마디를 선생님이 피리로 연주하면, 학생들은 그 곡을 악보에 옮깁니다. 소리의 절대음은 이렇게 피리를 통해서 붙잡는 게 더 낫지만, 소리의 길고 짧음은 피리보다는 노래를 통해서 붙잡는 게 더 나으리라 봅니다.

여기까지 오고 보니, 소리를 내는 지점들마다에서, 곁에 있는 소리를 다 잘라내고 오로지 한 소리만을 붙잡는 절대음 즉 문명적인소리는 익혔지만, 자리를 잡고 소리를 내되 옆에 있는 소리를 잘라내지 않고 그대로 놔두어서 나는 '떠는 소리' 즉 자연적인 소리는익히지 못했음을 알겠습니다. 쏜 화살이 한 점에 꽂히는 듯한 소리가 아니라, 잔물결이 이는 듯한 소리는 우리 옛분들이 그 속에서 살려고 했던 아름다움과 흥이기도 하기에, 그 소리를 빼 놓아선 안 되리라 여깁니다. 그래서 절대음과 어느 정도 사귄 뒤엔 가야금을 가지고 떠는 소리 즉 산조散調를 배우는 게 좋다고 생각합니다.

절대음감을 익히면서 학생들은 소리만이 아니라 '나'도 단독자로 있음을 느낄 것입니다. 그 단독자들이 어우러져 깊이와 맛을 지닌 '한 소리', 즉 '큰 나'를 이루어낸다는 것도 어렴풋이나마 느끼겠지요. 그런데 그 단독자는 홀로 처음부터 있었던 게 아니라, 셀 수 없는 인연들이 모여 한 봉우리를 이룬 것일 뿐이라는 것을, '떠는 소리'에서 어느 날 문득 깨달을 수는 없을까요? 그렇기만 하면 그는 언제나 이웃과 어울리는 다소곳한 마음을 지니리라 생각합니다. 이런 사람이야말로 어떨 때는 나 아닌 그 모든 것으로부터 나를 빼어내기도 하고, 또 다른 때는 나를 짓이겨 나 아닌 것과 함께 버무리는 참된 자유인이 아닐까요?

5학년부터는 이미 배우고 있는 가야금은 계속해 나가되 장구 장단을 새로 배울 것입니다. 일된(조숙한) 여학생은 이즈음에 '몸 바뀜'이 생겨 안정적이지 않게 됩니다. 이때 특히 일렁이는 충동을 어떤 길을 통해서든 풀어야 합니다. 교육은 그 충동을 해소할 길을 터줘야겠지요. 장구가 그런 구실을 하는 데 안성맞춤이라 여깁니다.

또 장구를 치며 우리 가락을 익힐 수 있다는 점도 빼놓을 수 없는 것입니다. 지금을 살고 있는 우리네 대부분은 우리 가락에 어떤 것이 있는지 또 무엇인지 모릅니다. 우리 가락을 들으면 어깨가 들썩

여진다는 인상을 대부분 넘어서지 못합니다. 우리 가락이 몸에 밴 사람은 더더욱 드문 현실이지요. 우리 가락이 몸에 배어 있지 않으면, 절정의 우리 문학은, 끝내 우리 앞에 그 몸을 드러내지 않을 것입니다. 어깨춤이 저절로 춰지는 설장구는 이 시기의 학생들에게 딱 들어맞는 우리의 가락이라고 생각합니다.

중학교 때는 장구와 함께 첼로나 바이올린 같은 섬세한 악기를 다루는 것이 좋습니다. 이 시기가 되면 자신의 몸바꿈을 적이 느긋하게 바라볼 수 있으므로, 소리를 섬세하게 만들어가는 악기를 익힐 필요가 있습니다. 장구를 치면서는 뻗어나가는 기운을, 첼로나 바이올린을 켜면서는 무엇인가로 집중되어 그것을 이루어가는 정신을 한꺼번에 맛볼 수 있을 것입니다.

음악 교육에서 가장 중요한 것은 합창이나 합주일 것입니다. 그것은 다음과 같은 까닭 때문입니다. 합창이란, 한 사람이 한 길을 가되 그 길을 가는 다른 사람(같은 파트의 사람)과 하나의 꼴을 이루고, 다른 파트의 사람들이 다른 길을 가서 이루어낸 꼴과 만나 하나를 이루어갑니다. 그야말로 여럿이면서 하나이고, 하나이면서 여럿인 셈이지요.

이것이야말로 공자가 생각했던 군자들이 사는 꼴, 즉 "서로서로가 조화롭고 화기애애하게 살지만, 판박이가 아닌 꼴(君子和而不同)"일 것이며 '삶이 가지는 자유'가 가장 잘 드러난 모습이라 할 수 있습니다. 합창에서 제 쪽(part)만을 생각하면, 그 곡의 빼어남은 드러나지 않습니다. 그렇게 되면 공자가 말한 소인배들의 꼬락서니 즉

"다 판박이이지만, 거기엔 조화도 화기애애함도 없는 삶(小人同而不和)"의 욕심 사나움만이 드러날 것입니다. 파트마다 제 꼴을 이루어 나가되, 다른 쪽의 상태를 살펴 그 파트의 숨과 힘을 느끼고, 거기에 제 파트의 숨과 힘을 맞출 때에야, 그 곡 깊고 깊은 곳에 녹아 있는 빼어남은 얼굴을 들고 밖으로 나올 것입니다.

사람들이 한 동아리를 이루어내는 데서 머물러버리고 다른 동아리를 살피지 않는다면, 그건 집단이기주의가 됩니다. 그런 이기주의 집단들이 한 자리에 모였댔자 욕심 사나운 들쭉날쭉한 소리만이 있을 뿐, 거기엔 어떤 빼어남도 아름다움도 자리하지 않습니다. 이 사실을 우리 학생들은 합창을 통해서 뼛속 깊이 새길 수 있으리라 믿습니다. 사실 음악을 하는 푯대는 조화를 몸에 익히는 데 있습니다. 플라톤도 그렇게 여겼습니다. "화성和聲에 의해서는 지식 아닌 조화로움을 갖게 해 주었으며, 리듬에 의해서는 단정함을 갖게 해 주었습니다(《국가》, 463쪽)"는 말이 그것입니다. 이 점을 새겨듣는다면, 우리가 한때 했던 '누가 누가 잘하나'가 얼마나 비교육적인 것이었던가에 대해서도 고개를 끄덕일 것입니다.

사람은 개인의 사회성뿐만 아니라 동아리의 사회성에도 눈 떠야 합니다. 집단이기주의가 판치고 있는 우리 사회에 특히 필요한 것이라 여깁니다. 민족 속에 있는 여러 동아리들 즉 집단 간의 윤리성이 길러지지 않는 채, 그 민족이 공동체일 수 없고 더 나아가 윤리적인 민족이 될 수도 없습니다. 그러니 집단의 윤리성을 길러야 하는데, 그것 역시 훈계나 설교를 통해서가 아니라 예술을 통해서 하는 게

합창은 하나이면서도 여럿이고 여럿이면서도 하나된 꼴을 가장 잘 보여준다.(위)
예술가가 아니라 예술적인 사람을 위해 발도르프학교가 만든 오이리트미(아래)

더 나은 길일 것입니다. 그런데, 동아리와 동아리의 만남이 어떠해야 하는가를 합창보다 더 잘 깨닫게 해주는 것은 없다고 여깁니다.

고등학교 때부터는 그 동안 각자 익힌 악기 가운데 특히 마음에 드는 것을 더 다듬고, 또 한 자리에 모여 곡을 연주하는 합주와 합창 시간을 많이 갖는 것이 좋다고 생각입니다.

마지막으로 언제 어떻게 가르쳐야 할지를 몰라 위에선 빼놓았지만, 우리 옛분들의 노래였던 진짜 가곡 ('그리운 금강산' 같은 서양 가곡이 아니다.)을 학생들이 배울 수 있는 길을 찾으려 합니다. 가곡은 청아하고 깨끗하고 담백한 소리를 통해, 우리 선비들이 이르렀던 인문적인 길의 빼어남을 보여준다고 생각하기 때문입니다. 이것을 통해 동서양의 인문적인 길이 그리 멀리 떨어져 있지 않았다는 것도 덤으로 느낄 것입니다. 이 많은 것을 전문가 수준까지는 미치지 못하더라도 맛보기로 끝내버릴 수는 없는 것이기에, 음악을 위해 많은 시간과 품을 들여야 한다고 생각합니다.

음악과 더불어 춤(무용)도 필요합니다. 낮은 학년 때는 음악 시간에 춤을 같이 하는 게 좋습니다. 이를 테면 초등학교 때는 수업시간을 쪼개 35분은 음악을 하고, 나머지 15분은 무용을 하는 식입니다.

낮은 학년 춤 수업 때는 발도르프학교 학생들이 추는 오이리트미를 배울 것입니다. 피아노에서 흘러나오는 음의 높낮이에 따라 팔과 손을 그 음에 맞는 정도만큼 들어올려, 음을 몸으로 나타내기. 음의 길고 짧음에 따라 발걸음을 길고 짧게 해보아, 리듬을 몸으로 익히기. 막대를 가지고 피아노 음악에 맞춰 이리저리 움직여보고 옆 동무에게 리듬에 맞춰 던져주는 막대놀이. 동무들과 함께 음악에 맞춰 여러 꼴을 지어보는, '꼴짓기' 놀이 등이 그것입니다. 오이리트미에는 이것 말고도 각각의 알파벳이 드러내는 소리의 울림이 주는 느낌을 몸으로 나타내는 것도 있습니다. 하지만 우리 낱글자의 소리가 가지는 울림에 대해 아직은 공부가 익지 못해, 당장은 할 수 없어 나중으로 미루려 합니다.

다음은 5학년 즈음부터 민속춤을 춥니다. 우리 민속춤인 설장고와 탈춤뿐만 아니라 다른 나라의 것도 곁들이면 더욱 좋을 것입니다. 이때 민속춤을 추는 까닭은, 민속춤은 흥겹고 몸을 많이 움직이기에 사춘기를 겪는 학생들이 안정된 정서를 갖도록 하는 데 도움을 주리라 생각하기 때문입니다.

가락과 리듬 그리고 그것을 몸으로 표현하는 것을 충분히 익히고 나면, 조금 힘들겠지만 전통춤을 추도록 할 것입니다. 걸음새·손놀림·어깨선 등과 같은 한국 춤의 기본동작을 오랫동안 익혀야 합니다. 몸놀림이 어느 정도 익으면 궁중무용인 춘앵무를 배우는 것도 좋을 것입니다. 춘앵무는 절제와 고상함을 그 이상으로 하는 것으로, 격정적으로 응어리를 풀어 헤치는 살풀이춤과는 다릅니다. 중학교 높은 학년이면 어른이 될 문턱까지 도달한 셈이므로, 제 몸을 잘 다스려 흐트러짐이 없이 사는 것을 배울 필요가 있습니다. 그러기 위해서는 흥겨워 방방 뛰는 민속춤이나 응어리를 푸는 살풀이보다는, 절제와 단아함을 가지는 춘앵무가 더 어울린다고 보기 때문입니다.

● 미술

미술을 통해서 이루어내야 할 것들이 참으로 많은데, 먼저 거기에서 쓰일 연모부터 말씀드리겠습니다. 요즘 우리나라 어린이들은 초등학교에 가기 훨씬 전부터 읽기와 쓰기를 배우기 때문에, 아마도 초등학교 1학년도 거의가 이미 연필을 잡아봤으리라 생각합니다. 하지만 무엇이 되었건 그것을 아름답고 바르게 하기 위해서는 자기 몸에 알맞은 연모를 써서 익혀야 합니다.

우리나라 어린이들은 아주 어렸을 때부터 젓가락을 쓰기 때문에, 서양의 어린이들보다 손가락과 손을 훨씬 더 능숙하게 잘 다룬다고 생각하지만 그럼에도 초등학교 1학년이 연필을, 그것도 부러지지 말라고 딱딱한 연필을 쓰는 것은 바르지 않다고 여깁니다. 뿐만 아니라, 검정색 하나 뿐인 연필은 학생들에게 색에 대한 느낌을 키워주지 못합니다. 그래서 우리 터에서는 그림이든 글씨든, 네모난 크레용(크레파스가 아니다.)으로 시작하는 게 좋습니다.

이것을 많이 다루어 팔과 손에 힘이 붙고, 그 힘을 어느 정도 고루 나눌 수 있게 되는 2학년부터는 품질이 좋고 연필처럼 나무로 둘러싸인 색연필로 연모를 바꾸어야 합니다. 연모가 나쁘면 좋은 작품을 만들 수 없기에, 글씨를 쓸 때도 좋은 연모를 써야 합니다. 색연필을 써서 조금 더 섬세하게 손과 손가락을 쓰게 되면, 붓을 잡아도 됩니다.

그림과 글씨 양쪽 모두를 위해, 학생들은 문양 그리기부터 시작하는 것이 좋습니다. 글씨 · 그림 · 문양은 같은 뿌리에서 나온 가지들

나이가 어릴수록 연모를 잘 골라 써야 한다.

이지만, 문양부터 나아가는 게 바른 순서라 여깁니다. 쉽게 알아볼 수 있고, 손쉽게 따라할 수 있는 게 문양이기 때문입니다. 물론 매우 복잡한 만다라 같은 문양도 있기는 합니다. 먼저 그리기 쉬운 문양 등을 한 다음, 규칙적인 문양 등을 하고, 다음은 점점 좁아지고 넓어지는 문양 등을 하고 이어서 거울에 비추기 등으로 나아가야 합니다. 이 과정을 통해 학생들은 손과 팔을 섬세하게 쓰는 것을 익힐 뿐 아니라, 복잡한 것 속에 들어있는 되풀이의 결을 알아차리는 눈도 뜰 것입니다. 이것은 추상적인 생각으로 가는 걸음마가 됩니다.

이제 미술 시간에 글씨 쓰기를 둔 까닭을 밝히겠습니다. 아름다움을 갖추지 않은 글씨라 하더라도 다른 사람들이 알아볼 수 있는 건 사실입니다. 하지만 사람이 하는 모든 일이 눈에 바로 드러나는 쓰임새를 갖추기만 하면, 그것으로 어찌 그 일을 넉넉히 잘했다고 생각할 수 있겠습니까? 그런 생각 속에서는 문화, 인문이 자라지 못합니다. 물론 아름다움을 너무 추구하다가 본디 쓰임새를 잃어버려, 외려 병적인 문화를 퍼뜨릴 수 있습니다. 실제로 이건 역사가 주는 가르침이기도 합니다. 하지만 많은 경우 문화는 눈앞의 쓰임새를 이루되 그 너머에까지 닿아있을 때 이루어진다는 것도 놓쳐서는 안 됩니다. 문화라는 게 박물관이나 골동품 상점에 놓여있는 것이라기보다는 우리 삶 속에 있는 것이기에 우리 자신과 떼놓고 생각할 수 없다는 말이 그럴듯하다면, 좀더 문화적인 글씨를 생각하지 않을 수 없습니다.

서양의 어느 학자가 "글꼴(style)은 그 사람이다"라는 말을 했지

그리기 쉬운 문양부터 시작하여 규칙적인 문양, 다음은 점점 좁아지고 넓어지는 문양 등을 그리고
이어서 거울에 비추기 등으로 나아간다.

만, 우리 옛분들은 '글씨는 그 사람이다' 라는 생각 속에서 살았습니다. 그러니 글씨의 문화화는 떨어진 '뿌리 잇기' 라 할 수도 있을 것입니다. 위의 말들은 조금 과장되긴 했지만, 아름다운 마음을 이루는 데에 아름다운 글씨가 한 몫 한다는 것만큼은 말할 수 있는 것이 아닌가 합니다. 만약 이도 아니라면, 교육에서 예술은 설 자리가 없습니다. 이런 헤아림 때문에 새로운 학교에서는 '글씨를 아름답게 쓰는 학생' 이란 푯대를 떼지 않아야 합니다. 글씨를 처음 배울 때부터 그림 속에서 글씨를 배우고, 그림 그리듯 글씨를 써야 하는 까닭입니다.

그림은 1학년 때는 이야기를 듣고 이야기 속의 장면을 네모난 크레용으로 그린다든가, 가까운 사람이나 좋아하는 것들을 그립니다. 그러다가 붓을 잡을 정도의 손힘이 갖추어지고 어느 정도 힘을 고르게 쓸 수 있는 2학년이 되면, 붓으로 물감을 찍어 그려야겠지요.

초등학교 2학년이 그림시간을 통해서 떠야 할 눈은 어떤 것일까요? 그것은 색깔에 대한 느낌과 사물의 윤곽선이 아닌가 싶습니다. 그런데 가령 나무·토끼·사람 같은 대상에 색을 칠하면서 색깔에 대한 느낌을 키우려 한다면, 그 대상 때문에 특정한 색깔이 가진 특성을 알아차리는 데 어려움을 겪을 수도 있을 것입니다. 꼼꼼하게 윤곽선을 붙잡는 것은 조금 더 뒤에 시작하는 것이 올바르다고 여깁니다.

이 나이에는 모양을 최대한 드러내지 않고 한두 가지 색만을 도화지에 물감으로 칠하면서, 색깔이 가진 특성을 느끼는 것이 좋습

'거울에 비추기' 는 어린 학생들에게 균형감을 키워주는 첫걸음이다. 초등학교 2학년 공책에서

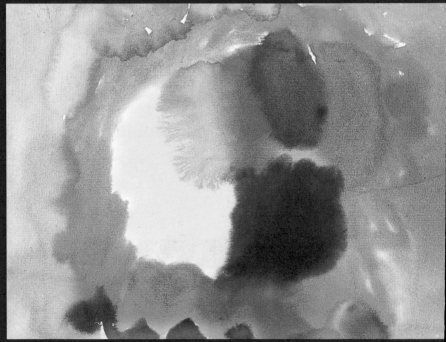

색감을 키우기 위해 마련한 공부. 유치원생

니다. 보기를 들면 먼저 도화지에 물을 촉촉이 바른 다음, 복판에 빨간 물감을 칠하고 그 둘레에 파란색을 칠한다거나 도화지 1장을 몽땅 파란색으로 칠한다거나, 파랑 위에 노랑을 덧칠해 풀색을 만들고 또는 파랑과 노랑 물감을 섞어 풀색을 만든 다음 칠하는 것 등입니다.

물론 그 시간에는 모든 학생들이 같은 색을 같은 방식으로 칠하고, 그 일이 끝나면 학생들은 자신들이 칠한 도화지를 죽 늘어놓고 그 둘레에 서서 자기가 칠한 색의 느낌을 얘기합니다. 묽고 진한 차례대로 그림을 늘어놓기. 가운데 칠한 빨강의 강렬함에 따라 동아리 짓기. 색깔의 번짐에 따라 동아리 짓기. 파랑이 제일 많이 드러나는 것부터 풀색을 거쳐 노랑이 제일 많이 섞인 것까지 늘어세우기 등 여러 방법으로 학생들 스스로 그들의 그림을 동아리 짓고, 늘어놓고 할 것입니다. 실제로 이것을 해보면, 같은 색깔을 같은 방식으로 칠했음에도 칠한 사람 수 만큼이나 다른 느낌을 자아냄을 알 수 있습니다. 한 색을 집중적으로 만나기에 그 색이 가진 성질에 눈을 뜨기가 쉽고 할 얘기도 많고 또 스스로 그림들을 판단해본다는 점에서 매우 좋은 방식이라 생각합니다.

색에 대한 특성을 어느 정도 알아차린 3학년 때는 물감을 써서 주로 나무나 동물을 그립니다. 이때는 눈여겨보기가 줏대 구실을 합니다. 아름다운 글씨꼴을 제법 몸에 익혔다고 여겨지면, 그림 그리기와 따로 3학년 때부터는 찰흙으로 동물이나 사람꼴 빚기를 하는 것이 좋습니다. 이 시간을 통해 학생들은 한 생명체의 부분들 사이에 있는 알맞음과 어울림을 느낄 것입니다. 이것을 느낀 학생은 넘침이나 모자람 그리고 생뚱맞게 튀는 것은 그 생명체를 아름답지 못하게 한다는 것도 깨달을 것입니다.

　학년이 높아감에 따라 학생들이 통나무를 가지고 쓰임새 있는 예술작품, 가령 주걱이나 망치, 쟁반 같은 것을 조각칼로 깎고 파는 것을 저는 꿈꿉니다. 가령 쟁반의 경우, 쟁반을 만들겠다는 제 의지를 막무가내로 통나무에 집어넣는 것이 아니라 뜻을 갖되 통나무의 흐름과 결을 존중하면서 그 뜻을 드러내야 합니다. 그렇게 이루어진 쟁반에서, 학생들은 제 뜻만이 아니라 통나무가 본래 가지고 있던 흐름과 결이 학생의 뜻과 함께 살아있는 조화를 느끼리라 생각합니다.

　"돌을 가지고 어떻게 이런 아름다운 꼴을 빚을 수 있었습니까?"라는 물음에 "나는 그저 돌의 꼴을 따라 쪼았을 뿐입니다"라는 미켈란젤로의 말을 대학시절에 읽고 '웃기고 있네, 유명해지니까 그럴듯한 말만 골라서 한다'고 생각했던 적이 있었습니다. 그런데 독일에서 통나무를 조각하면서 통나무 속에 들어있는 꼴 즉 형상을 찾아내는 데까진 이르지 못했지만, 통나무도 본디 꼴을 가지고 있다는 걸 어렴풋이 느낄 수 있었습니다. 그렇지만 아직도 저는 조각칼을 들고 통나무 앞에 서면, 그 통나무가 지닌 흐름과 맺음을 찾지 못해 막막해합니다. 왜 이럴까요? 타고난 무딘 감각 때문이겠지만, 대상의 흐름과 맺음을 느낄 수 있도록 교육받지 못했기 때문이기도 할 것입니다.

　고등학교 3학년 때 들은 어느 교사의 말을 기억하고 있는데 "이번

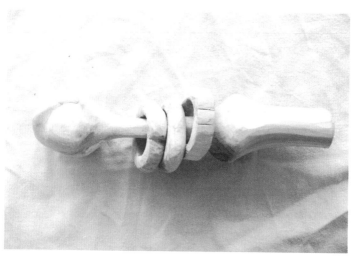

통나무에 감추어져 있던 여러 형상 가운데 지은이가 드러낸 딸랑이의 모습(위)
땅에서 살고 있는 새(아래). 지은이 작품

학생들은 전년도 학생들보다 공부를 더 못해서 서울대학교에 많이 못 들어갈 거란 소리들이 있는데, 궤짝에 넣으면 다 그 틀에 맞게 되는 것이니 걱정하지 말고 공부나 열심히 하라"고 했던 소리가 그것입니다. 이렇게 궤짝에 잡아넣는 교육 속에서 자란 저이기에, 통나무를 섬세하게 느낄 수 있는 감각을 타고 났다 한들 어떻게 그 감각이 눈뜰 수 있었겠습니까?

학생들은 비생명체, 가령 오랜 시간이 느껴지는 돌이나 주걱, 망치 같은 쓰임새 있는 것 속에서도 알맞음과 어울림을 찾아내는 교육을 받아야 합니다. 세상에 의미 있고 아름다운 것들은 다 그렇게 되어있기 때문이지요. 이런 깊은 깨달음에 이른 학생들은, 그들의 삶이 알맞음과 어울림 속에 있을 때에야 기쁘고 편한 마음을 가질 것입니다.

고등학생쯤 되는 학생들은 옛 선비들의 초상화 따라그리기와 산수화 따라그리기를 하는 게 좋다고 생각합니다. 이에 대해 '예술의 생명은 새로움에 있으니, 따라하기는 예술의 죽음일 뿐'이라며 핏대를 세울 분이 있으리라 생각합니다. 무엇이 예술인가를 두고 저는 따져들고 싶지 않습니다. 다만 학생 때 익히는 예술은 직업이 아니라, 배움의 길 위에서 이루어지고 있다는 것만을 떠올리게 하고 싶습니다. 배움은 따라하기를 제쳐놓을 수 없습니다.

따라하기에는 정말 새로움은 없고 오로지 되풀이만이 있는 것일까요? 그럴 수 있다고 생각합니다. 느껴서 말뜻에 가 닿지 못하고 말 껍데기만을 외어 앵무새처럼 따라한다면, 틀림없이 그러할 것입니다. 그렇지만 가슴 저리게 느껴서 말뜻에 가 닿는다면, 따라함의 길에서도 새로움은 생겨나리라 여깁니다. 말은 어떤 경우에도, 어떤 사람에게도, 그 말뜻을 통째로 드러내지 않기 때문입니다. 노자가 말한 "도道를 도라고 할 수 있다면, 그 도는 떳떳이 늘 그렇게 있는 도는 아니다"는 결코 빗나갈 수 없는 참된 말이기 때문입니다.

직관이니 통찰이니 해봤자, 그것은 그 말뜻의 한 자락을 거머쥔 것일 뿐, 통째로 붙잡은 것은 아닙니다. 어떤 언어학 이론에 따른다면, 낱말의 뜻은 통째 붙잡을 수 있는 게 아니고, 그 낱말에 맞닿아 있거나 맞서고 있는 뭇 낱말들을 통해서 겨우 드러난다고 합니다. 그러니 그 둘레의 낱말들을 파악하려면, 그 낱말 둘레의 둘레에 있는 더 많은 낱말들을 통해서야 비로소 가능할 것입니다. 이렇게 되면 끝없이 둘레, 둘레로 퍼져나갈 뿐 그침이 없으니, 한 낱말을 제대로 거머잡는 것은 이 세상에 있는 모든 낱말을 거머잡는 것과 조금도 다르지 않습니다. 이러니 어떻게 한 말의 뜻을 통째로 똑 부러지게 잡을 수 있겠습니까?

이런 점에서 누가 어떤 말을 했건, 그 말을 한 사람이 설사 성인聖人이라 하더라도, 그 성인조차도 당신이 말한 그 말뜻을 통째로 거머쥐었다고는 할 수 없습니다. 여기에 거룩한 이의 말을 따라 사는 '뒷사람의 자유'가 있는 것이고 '새로움'이 있는 것입니다. 그 말뜻에 가 닿기만 하면, 그는 그 말을 한 사람 즉 성인조차도 미처 거머쥐지 못했던 것을 거머쥘 수 있기 때문입니다. 그 두 사람은 그 말을 통째로는 아니라 하더라도, 모두가 그 말뜻에 가 닿았다는 점에서

'말벗'이 된 것입니다. 《맹자》에 상우尚友 즉 "옛 사람과 벗이 된다"는 글귀가 있는데, 이걸 두고 한 소리라 생각합니다.

말벗끼리는 옭아매거나 옭아 매이는 게 없습니다. 다른 걸 보았건 같은 걸 보았건 간에, 벗 사이엔 서로 통함이 있을 뿐입니다. 아무리 똑같은 말을 했다 하더라도, 그 말을 한 상황과 사람이 다르니, 두 말의 맛이 다르고 분위기가 다를 수밖에 없습니다.

말에서만이 아니라, 그림 그리기에서도 앞에서 세운 논리는 그대로 서 있습니다. 사실이 이러하니, 따라하기가 새로움을 못 낳는 것이 아니라 말의 껍데기만을 만졌을 뿐 그 속뜻과 그 정신에 느낌이 가 닿지 못한 것이 새로움을 못 낳는다고 해야 할 것입니다. 그런 따라하기는 옛날에 매이도록 할 뿐, 사람을 자유롭게 하지 못하는 게 당연합니다.

한편 오로지 기발함과 새로움만을 찾아 이리저리 헤매는 삶이 속 빈 강정이란 것을 우리는 현대 예술의 한 켠을 보면서, 유행에 휩쓸려 헤어나지 못하는 무리들을 보면서 느끼지 않을 수 없습니다. 거기에서 우리는 기발함에 얽매인 넋 빠진 인간을 볼 뿐, 새로운 것을 짓고 난 뒤 "보기에 좋았더라"고 했던 자유로운 기독교 신을 보지 못합니다. 따라하기는 팽개치고 신기하고 새로운 것만 애지중지하는 요즘 풍조를 학교 교육에서 따르는 것은 옳지 않습니다.

따라하기와 창의적인 힘은 결코 서로를 밀쳐내는 것이 아니고, 외려 서로를 도와줍니다. 따라하기만 한다면, 아무래도 창의적인 작품을 일궈낼 능력이 떨어질 것입니다. 그렇다고 기발한 것만을 찾는다면, 헛된 신기루를 쫓는 꼴이 될 것이기에 '따라하기'와 '새로움을 지어내는 일'은 동전의 두 면처럼 있어야 할 것입니다. 이것은 옛 사람들이 거머쥐었던 보편성과 말을 나눔으로써, 그것을 이루어낼 수 있으리라 생각합니다.

그런데 왜 굳이 조선 선비들의 초상화와 산수화를 따라 그리려는가? 앞에서 말씀드린 것처럼 조선 선비들의 초상화에는 우리의 이상이었던 얼굴이 있기 때문입니다. 물론 그 얼굴이 우리가 살고 있는 이때에도 이상일 수 있는가는 따져봐야 하겠지만, 우리의 새 얼굴을 찾아내는 것도 옛분들이 거머쥐었던 이상과 말을 나눔으로써 비로소 이루어질 수 있는 일이겠기 때문입니다.

2000년 과천미술관에서 보여주었던 김호석 님의 작품들은 그러한 한 본보기라 생각합니다. 그 작품 속엔 늙은이와 어린이가 그려져 있었는데, 거기에 그려져 있던 늙은이를 보면서 '옛 초상화에 견주었을 때, 조금 더 곰삭아 고움과 부드러움이 옛 선비의 떳떳함과 당당함에 함께 하고 있구나!' 하는 생각이 들었습니다. 우리의 문화를 이루어내려는 그분의 애씀과 품들임에 감사하지 않을 수 없습니다.

그분이 그렇게 새로운 우리의 얼굴을 찾아낼 수 있었던 것은 옛 초상화와 말을 건넬 수 있었기 때문일 것입니다. 만약 옛 그리스인과 로마인의 얼굴만 따라했다면 결단코 그 작품은 이루어지지 않았겠지요. 그리스와 로마의 조각을 보고 따라하면 할수록, 우리는 우리 얼굴의 본바탕을 창피해 할 것이고, 그러면 화장이 아니라 분장

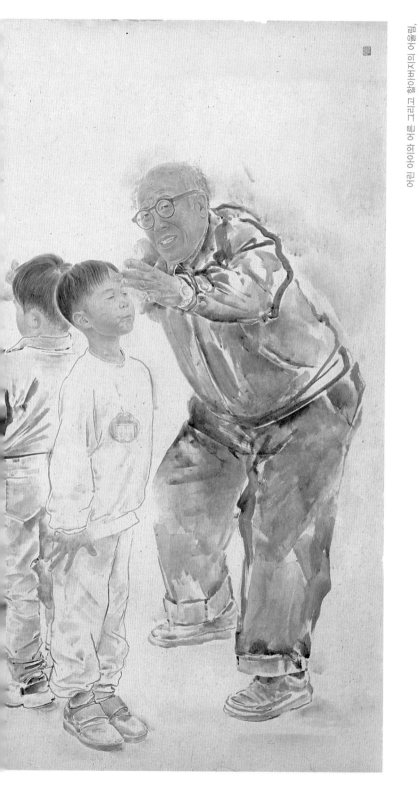

을 해야 하고, 그것으로도 본디 얼굴을 감출 수 없어 칼로 찢어 그리스 조각에 맞추어 꿰매지 않을 수 없으니, 제 본얼굴을 저주하는 것 속에 어찌 자유와 당당함 그리고 고움이 자리할 수 있겠습니까?

어떤 것이 되었건 본바탕 속에서 아름다움을 찾아야 합니다. 그럴 때에야 우리는 자유로울 수 있고, 나 아닌 그 무엇도 나를 사로잡을 수 없습니다. 기독교식으로 말하면, 그럴 때 비로소 더러운 영 즉 귀신이 우리를 사로잡을 수 없는 것입니다.

귀신들림이란 나 아닌 것이 내 속에서 임자 노릇을 하는 게 아니고 뭐겠습니까? 그 더러운 영을 내 임자로 여겨 섬기고 거기에서 헤어나야겠다는 생각을 못하는 게 우상숭배이고 귀신들림인 것입니다. 이치가 이렇기 때문에, 우리의 본바탕에 고개를 끄덕이고 거기서 우리의 이상적인 얼굴을 일구어냈던 조선 선비님들의 초상화를 따라 그리지 않을 수 없습니다. 이제 조선 산수화를 따라 그리려는 까닭을 밝히겠습니다.

자연의 위엄이 바닥을 치고 있는 이때, 조선 산수화가 할 수 있는 구실은 매우 많다고 여깁니다. 조선의 산수화는 자연의 우뚝함과 뻗치는 힘을 붙잡은 것인데, 사람은 그 안에 자그마하게 있습니다. 이것을 그리고 볼 때, 사람은 겸손해지지 않을 수 없습니다. 사람이 자연 속에서 얼마나한 자리를 차지하고 있는가를 사실적으로 보여주기 때문입니다. 지금 저는 산수화가 드러내는 사실성을 이야기했는데, 많은 사람들이 제 말에 고개를 설레설레 저을 것입니다. 조선 산수화는 원근법을 지키지 않았다는 말을 하면서 말입니다. 조선

올바른 삶이 이루어낸 고운 얼굴. 이항복 초상화. 경주이씨문중 소장

산수화가 원근법을 안 지켰다는 소리는 얼추 맞습니다. 그런데 원근법은 사실이고 객관일까요?

원근법에 따라 그린 그림은 객관적인 사실을 그리고 있지 않습니다. 객관적이란 어떤 것을 바라보는 '모든' 눈에 맺힌 것을 다 존중했을 때 쓸 수 있는 낱말입니다. 그런데 원근법이란 이 세상에 오로지 한 눈만 있는 것처럼 여겨 그 눈만을 높이 사고 나머지 눈들은 다 제쳐두는 방법에 따라 그린 것이니, 이보다 더 심한 주관성은 없다 해야 할 것입니다.

설사 다른 사람들의 눈에 들어온 건 다 제쳐놓고 내 눈에 들어온 것만을 문제 삼는다 하더라도, 원근법은 내가 그 대상과 마주친 특정한 순간만을 받아들이고, 나의 다른 경험들은 다 내동댕이친다는 점에서 한 주체의 눈도 다 나타내지 못합니다. 사실 우리가 어떤 대상에 대한 상을 가지고 있다고 했을 때, 그것은 특정한 순간에 새겨진 상이 아니라 그 대상을 만난 숱한 순간들이 한데 묶여 만들어진 상입니다.

이 점을 놓치지 않는다면, 조선의 산수화가 결코 비사실적이라고 쉽게 못 박을 수는 없을 것입니다. 오히려 조선의 산수화는 조선 사람들이 자연을 만난 숱한 경험들이 한데 맞물려 나타난 것이기에, 원근법에 의한 것보다 훨씬 더 사실적인 느낌을 거머쥔 그림이라 해야 할 것입니다. 조선 산수화를 '따라그리고' '보면서' 조선 사람들의 자연에 대한 느낌을 미루어 느껴볼 수 있다는 점에서, 우리의 뿌리를 돌보려는 터에서 그것을 따라그려보는 것은 마땅한

〈영통동구도〉 강세황(위), 〈옥순봉도〉 김홍도(중간), 〈설평기려〉 정선(아래)
위대한 자연을 그린 산수화. 우리 옛분들은 그림을 보고 또 따라 그리면서 마음을 맑게 했다.

일입니다.

더구나 자연의 힘과 품격을 다시 제대로 봐야 하는 시대정신 속에서 살고 있는 우리이고 보면, 더욱 그러할 것입니다. 서양의 어떤 사람이 '사람은 우주의 한 점에 지나지 않지만, 사람은 생각 속에서 그 우주를 감싸 안는다'는 식으로 말했다고 합니다. 뒷쪼가리 말이 맞는 말이라 하더라도, 앞쪼가리 말 즉 '사람은 우주의 한 점에 지나지 않는다'는 사실도 늘 새기고 있어야 할 것입니다. 앞쪼가리는 잊고 뒷쪼가리만을 내세울 때, 어떤 자연재앙이 우리를 덮치는지는 우리 눈으로 직접 보고 귀로 듣고 살갗으로 느낀 바이니, 새삼스레 늘어놓을 필요는 없을 것입니다.

그런데 조선의 산수화는 앞쪼가리를 넉넉하게 나타냈을 뿐더러, 우주도 알지 못하는 것 즉 자연과 사람의 관계가 어떠한가를 밝히고 있기에 뒷쪼가리까지도 역설적으로 보여주고 있다 해야 할 것입니다. 그렇다고 원근법에 따른 그림을 그리지 말아야 한다는 소리는 아닙니다. 원근법은 휴머니즘이 닦은 빼어난 길 중의 하나임엔 틀림이 없기 때문입니다. 다만 그 길만이 바른 길인 것처럼 여겨져서는 안 되리라 생각합니다.

● 먹거리 기르기와 먹거리 만들기

먹거리는 삶의 바탕 중 바탕입니다. 먹거리 속에서 삶의 빛남과 정신을 찾을 순 없다 하더라도, 그것 없이는 삶이 이루어질 수 없습니다. 그 어떤 빼어남도 아름다움도 고움도 드러나지는 않는다 하더라도 먹거리를 그 밑에 깔고 있고 감추고 있습니다. 거룩함조차도 먹거리가 없었다면, 그것이 깃들 몸이 이루어질 수 없습니다. 그러면 거룩함은 어디서도 그 꼴을 이루지 못하고 사막의 신기루처럼 헛된 것에 지나지 않았을 것입니다. 이렇듯 먹거리는 삶의 맨 밑켜이기에, 그것이 다는 아니라 하더라도 가벼이 다룰 수는 없습니다.

그래서 새로운 학교에서는 푸성귀와 벼, 과일나무 그리고 가축 기르기를 일주일에 한 시간씩 실제로 키우며 배우는 게 좋다고 생각합니다. 삶의 기쁨 중에서 기르는 기쁨만큼 참된 것도 없을 것입니다. 키우는 기쁨을 맛보려면, 품들인 것이 커가고 있음을 느껴야 합니다. 어린 사람일수록 특히 그러합니다. 그런데 그 품들임이 푸성귀만큼 눈에 확 띄는 것을 만나기는 쉽지 않습니다. 자고 나면 달라져 있는 푸성귀에서 그들은 '생명의 싱싱함'을 알아차릴 것입니다. 벼를 통해서는 사철 즉 씨를 뿌리고 키우고 거두어 함께 나누는 소박하고 참된 삶의 길이 학생들 가슴에 새겨질 것입니다.

삶의 길은 단번에 끝나는 것이 아니고, 사철이 지나면 처음부터 또 다시 같은 길을, 그렇지만 눈여겨보는 눈에는 해마다 조금은 다른 길이 보입니다. 다시 말해 잎을 내고 자라고 꽃을 피워 열매 맺는 과일나무가 사는 '생명의 되풀이와 그 변화' 가 과일나무를 키우는 학생들 가슴 속에 잔잔히 스며들 것입니다. 그리고 고통 속에서 새끼를 낳아 기르는 짐승들의 모습에서 목숨이란 고통 속에서 이루어 낸 것임과, 고통과 희생을 통해서만 삶은 끊어지지 않고 끈끈하게 이어짐을 깨닫게 될 것입니다.

살갗에 와 닿게 알아차리든 그렇지 못하든, 어쨌든 이런 느낌을 느끼면서 아이들은 자라나야 합니다. 뿐만 아니라 이런 것들을 키우는 데서 오는 기쁨은, 사람을 키우는 기쁨과 보람에 견주면 아무것도 아니라는 것도 어렴풋이는 생각하면서 자라리라 믿습니다.

삶과 생명에 대한 이러저러한 느낌들이 쌓이고 쌓인 어느 날, '내가 기르고 키운 것을 먹어야만 내가 살아갈 수 있다' 는 어찌할 수 없는 삶의 비극이 소스라치게 가슴에 내리꽂힐 때, 그는 이미 어린이를 지나 어른, 그것도 참된 종교인이 되어 있으리라 생각합니다. 수많은 삶을 먹어야 제 목숨이 버텨나갈 수 있다는 것을 보고, 거기에서 권력의지가 아니라 '삶의 죄스러움' 을 깨닫는 데서 종교가 꼴을 갖추어가기 시작했다고 보기 때문입니다.

종교의 시작이 어땠든 간에 삶이 갖는 어찌할 수 없는 이 비극을 깨닫지 못하면, 나이는 찼더라도, 배고프면 울고 배부르면 해죽 웃는 갓난아이에 지나지 않을 것입니다. 뭇 삶의 희생으로 제 삶이 이루어진 것임을 깨닫고서도, 내키는 대로 산다거나 이땅에 제 목숨이 붙어있는 까닭을 묻지 않을 사람은 없으리라 여깁니다.

제 손으로 키운 것을 먹어야 살 수 있기에, 우리는 먹거리를 어떻게 만들어 먹는 것이 인문적인가를 묻지 않을 수 없습니다. 먹거리를 잘 키우는 것이 자연의 길이라면, 먹거리를 잘 만드는 것은 인문의 길입니다. 이런 인문의 길에 관해서라면, 우리 민족은 그 어떤 민족 앞에서도 떳떳하고 당당하게 말할 수 있다고 생각합니다.

먹는 것의 죄송함을 조금이라도 더는 길은, 생명을 먹되 될 수 있는 대로 동물보다는 식물을 먹고, 먹거리를 조금도 허투루 다루지 않는 것입니다. 이것을 깨달은 우리 옛분들이었기에, 뼈조차도 고아 먹을 정도로 버리는 것이 없고, 밥 먹는 시간은 언제나 경건함이 감돌았습니다. 다시 말하면 밥 먹는 시간은 예배시간이었던 셈입니다. 요즘엔 밥 먹는 시간에라도 말을 나누지 않으면, 서로 말 나눌 짬도 없이 살기에 옛날의 경건함을 그대로 따라야 하는가는 따져봐야겠지만, 다른 것은 그대로 따라야 하리라 생각합니다. 옛날 우리 문화에서 먹거리 만들기가 서 있던 자리를 알아보기 위해 제사를, 서양의 예배와 견주면서 살펴보겠습니다.

'우리 옛 삶의 한 복판에 있었던 것은 무엇이었을까?' 하고 곰곰이 캐물었던 때가 저에겐 있었습니다. 앞에서 제가 말한 '조선은 문중연합체적 특성이 있다'는 생각도 이 물음에서 나온 것인데, 옛 삶의 한 복판엔 뭐니뭐니해도 '제사'가 있었다고 저는 생각하고 있습니다. 제사야말로 크고 작은 동아리(가문과 문중)의 동아리됨을 두르는 울타리였고, 그 속에서 사람들은 제 자리와 제 얼굴을 부여받았습니다. 여기서 생긴 문중의식은 긍정적이건 부정적이건 우리 역사

우리 삶 속에 깃든 인문人文. 지명순 님 제공

를 틀지웠습니다.

서양인의 삶의 복판에 예배가 있었다면, 우리에게는 제사가 있었다 할 것입니다. 우리 문화에서 제사가 얼마나 뿌리 깊었던지, 제 어린 시절 예배당에 예배하러 가시던 제 어머니의 모습조차도 제사를 지내는 그 모습이었습니다. 예배하기 전날 신발을 깨끗하게 씻고 새벽에 찬물로 목욕재계 하시고 말간 물에 말갛게 빨아 햇빛에 까실까실하게 말려둔 흰옷을 입고 예배하러 가셨으니, 이것이 제사하던 옛분의 모습이 아니면 무엇입니까?

제가 하고 싶은 소리는 서양인이 예배를 위해 건축과 음악에 온 힘과 품을 들였다면, 우리는 제사를 위해 제사상 차리기에, 즉 먹거리 만들기에 온정성과 품을 들였다는 것입니다. 그래서 서양인은 건축과 음악에서 빼어난 길을 찾아냈고, 우리는 먹거리 만들기에서 인문적인 길을 닦지 않았나 싶습니다. 목욕재계 하고 음식 만드는 때부터 제사가 시작된다고 보았을 때, 제사의 대부분은 '먹거리 만들기'에 있었다고 할 수 있습니다.

어쨌든 우리 삶의 한복판에 제사가 놓여 있었고 제사의 대부분이 먹거리 만들기에 있었기에, 우리는 먹거리 만들기에서 빼어난 길을 많이 닦았습니다. 우리가 먹거리 만들기에서 얼마나 많은 뜻을 찾아냈던가는 인품을 먹거리에 자주 빗댄다는 점만을 떠올려도 고개를 크게 끄덕일 것입니다. '그 사람 되게 짜네' '사람이 그렇게 싱거워서야 어디다 쓰나' '참으로 매운 사람이야' '사람이 쓰던지 달던지 해야지' '우러나와서 해야지, 하란다고 해봤자 다 쓸데없으니라 '삭여야지, 안 그러면 병 난다' 도 있고, 또 어떤 사람에게 '그 사람 진국이다' '사귈수록 맛이 나는 사람' '사람이 참 담백하다' 고 하면, 그 사람의 인품에 대한 한없는 높임이 되니, 이만하면 우리가 얼마나 먹거리에 큰 뜻을 두었던가는 밝혀졌으리라 생각합니다.

이것을 볼 때, 우리 옛분들의 먹거리 만들기는 다름 아닌 인품 만들기였던 것입니다. 우리의 옛 사내들이 글을 읽으면서 몸과 마음을 닦았다면, 우리의 옛 여인들은 먹거리를 만들면서 몸과 마음을 닦고 수행을 했던 것입니다. 곰곰이 생각해보면, 한석봉의 공부가 어머니의 공부에 한참 못 미쳤듯이, 조선 사내들도 조선 여인네의 공부에 멀찌감치 뒤떨어져 있었다는 것을 알 수 있습니다. 조선 사내들이 정치판에서 비린내 내며 날것으로 몸부림칠 때도, 우리의 옛 여인들은 옛 먹거리는 물론이려니와 새로 들어온 고추까지도 옛 길 속에서 잘 삭혀냈으니, 그게 바로 지금 우리가 날마다 먹지 않으면 안 되는 고춧가루에 버무려진 김치 아닙니까?

게다가 그분들은 이때를 사는 우리에게까지도 얼마나 많은 맛을 섬세하게 느끼게 하고 있고, 얼마나 많은 먹거리와 인품에 관한 말을 남겨주었습니까? 고소하다, 시원하다, 말갛다, 맛깔스럽다, 개미가 있다, 버무리다, 곰삭았다, 삭혔다, 우려내다, 희멀겋다, 걸쭉하다, 아삭아삭하다, 쫄깃쫄깃하다는 말은 그 중 몇 몇 보기에 지나지 않을 것입니다. 이렇게 빼어난 길을 닦았음에도, 이름 하나 남긴 분이 없으니, 이야말로 노자가 《도덕경》에서 말한 "일을 이룬 뒤엔 자신은 뒤로 물러선다"(功成而身退)는 대자연의 삶을 살았던 분들이 아닙니까?

　사실이 이러하니, 우리 문화를 짓겠다고 하면서도 먹거리 만들기를 뺀다면, 그것은 말이 되지 않을 것입니다. 그래서 새로운 터에서는 매 주 한 시간씩, 먹거리 만드는 것을 배우는 시간을 두려합니다. 물론 실제로 학생들이 오이도 썰고 마늘도 까고 깨도 볶고 김장도 해야겠지요. 그러는 중에 우리 옛분들이 닦아, 먹거리 만들기 속에 고스란히 남겨놓은 인문적인 향기를 학생들은 느낄 것이고 우리 문화의 빼어남에 옷깃을 여미고 고개를 숙이리라 믿습니다.

● 몸 기르기

사람의 몸이 마음과 어떻게 엮여 있고 이어지는가를 알기는 어렵지만, 몸이 한 사람을 갈무리할 수 있는 하나의 벼리임은 환히 알 수 있습니다. 어찌된 영문인지는 모르지만, 마음이 몸을 빈틈없이 감쌀 수도 반대로 몸이 마음을 그리할 수도 없다는 것도 알고 있습니다. 그러므로 사람의 삶을 위해서는 몸과 마음 둘 다를 돌보지 않을 수 없습니다.

　그러면 학생들의 몸 기르기의 목표는 무엇이어야 할까요? '치우치지 않음' '쑥쑥 잘 자람' 이라 할 수 있을 것 같습니다. 잘 자라기 위해서는 뼈대와 근육에 힘이 있되 부드러워야 하고, 잡아당기는 힘보단 뻗는 힘이 많아야 합니다. 그리고 치우치지 않기 위해서는 한 쪽 팔다리만이 아니라, 양쪽 팔다리를 골고루 써야 합니다. 그래서 공을 던지더라도 왼손 오른손 번갈아가며 던져야 하고, 왼발 오른발 번갈아가며 차야 합니다. 이렇게 하는 게 직업 선수가 되는 데에 도움이 되는지 어쩌는지는 모르지만 바른 몸과 바른 맵시를 가꾸는 데는 큰 구실을 하리라 여기기 때문입니다.

'몸 기르기'를 위해 달리기·균형 잡기·줄넘기·체조·뜀틀 놀이·축구·농구·태권도 등을 할 텐데, 학년에 따라 좀더 하고 덜하는 것들이 있겠지만, 위의 것을 골고루 해야겠지요. 여기서는 태권도에 대해서만 말하려 합니다.

태권도를 배울 거리로 고른 까닭은 태권도가 학생들 몸 기르기에 딱 알맞다고 여기기 때문입니다. 아시다시피 태권도는 두 팔과 두 다리를 모두 고르게 쓰면서 뻗기 위주로 되어 있기에, 생명력이 뻗어나가는 학생 때에 배워야 할 운동으로는 안성맞춤이라 생각합니다. 또한, 태권도를 통해 우리 문화를 좀더 인문화 할 수 있지 않을까 여겨서입니다. 이것을 위해 김용옥 선생께선 《태권도 철학의 구성 원리》를 쓰기도 했습니다.

태권도가 태껸에서 나왔는지 일본의 가라데에서 나왔는지는 논란거리일 수 있지만, 태권도가 우리의 문화라는 점은 논란거리가 될 수 없습니다. 태권도가 일본의 가라데에서 나왔다 하더라도, 그 얼개를 짠 이도 우리 민족이고 그것을 세계에 퍼뜨린 이도 우리 민족이기 때문입니다. 2007년 현재 전 세계 태권도 인구는 185개국에서 3700만 명이 조금 모자란 실정입니다.(자료: 세계태권도연맹, 2007년 8월 기준) 이만큼 세계 곳곳에 스며들어간 우리 문화가 있습니까? 자랑스러운 일이지요. 그렇지만 그에 앞서 우리는 세계인의 몸 가꾸

1학년 때 지은이의 아들 상우가 뜬 공주머니(작은 것)
2학년 때 지은이의 큰아들 회천이 뜬 공주머니(큰 것)

초등학교 5학년이 만든 집과 공책(위)
초등학교 1학년과 2학년 학생들이 뜬 인형과 공(아래)

기에 책임이 있음을 느껴야 합니다. 씨를 뿌렸으면 그 열매에 책임을 지는 것은 마땅한 일이기 때문입니다.

사람이 하는 모든 것들이 사람다운 삶을 이루기 위한 것이라는 말이 틀리지 않다면, 태권도를 함으로써 더 인간적인 삶이 가능해야 할 것입니다. 그러기 위해서는 건강한 몸만이 아니라, 괜찮은 성격 그리고 병들지 않은 마음을 일구어내는 데 태권도가 큰 구실을 해야 합니다. 지금 태권도가 얼마나 인문적인 옷을 입었는지 모르지만, 더욱더 인문적인 꼴을 띄고 더 인문적인 무늬를 드러내야 하리라 생각합니다. 인문의 길은 끝이 없기 때문입니다. 새로운 학교에서 자랄 학생들이 태권도의 인문성에 눈을 뜨고, 그것으로 제 몸을 인문화하고, 세상 사람들의 몸을 인문화하는 꿈을 저는 꿉니다.

● 손재주

사람이 다른 동물들로부터 뚜렷이 나뉠 수 있게 된 첫 단추는 두 발로 땅을 딛고 '곧추섬'이라고 말합니다. 그런데 곧추섬만을 문제 삼는다면, 펭귄도 결코 사람에 뒤서지는 않습니다. 곧추섬이 사람에게 축복이 된 것은 곧추섬 자체 때문이 아니라, 곧추섬으로써 두 손이 자유로워졌기 때문입니다. 아니 더 정확하게 말하면, 자유로워진 두 손을 써서 수많은 일을 했고 일을 함으로써 뇌가 커지고 지적 능력이 커졌기 때문입니다. 어린 시절의 손과 손가락의 움직임이 지적 능력을 키우는 뛰어난 길이라는 점은, 교육학에서는 기초 중의 기초입니다. 그런데도 우리나라 현장 교육에서는 손놀림을 통한

능력 키우기에 아무런 마음도 두지 않는 듯합니다.

학생들이 손재주를 익혀야 할 까닭은 또 있습니다. 무엇인가를 이루어낸 데서 오는 뿌듯함만큼 사람을 나아가게 하고, 또 '나'를 뚜렷이 느끼게 하는 것도 없다고 저는 생각합니다. 이룸에는 우리의 감각기관으로 실제 감각할 수 있는 것과 감각기관에 걸리지 않는 것이 있습니다. 그런데 감각과 동떨어진 이룸에서 뿌듯함을 느끼려면, 아무래도 삶의 기럭지(길이)가 있어야 합니다. 이런 까닭으로 어린 시절에 느끼는 뿌듯함은 거의 감각적인 이룸 쪽에 그 뿌리를 두고 있습니다.

이룸을 통해서 '나'를 뚜렷이 느끼는 것과 학생시절에 느낄 수 있는 이룸은 감각적인 것에 치우쳐 있다는 게 맞는 말이라면, 교육을 한다면서 손재주를 익히는 것을 홀대하는 것은 있을 수 없는 일입니다. 민주시대에 교육의 심지는 뭐니 뭐니 해도 '나'를 뚜렷이 느끼고 세우는 일이기 때문입니다. 물론 심지가 그렇듯이 '나'를 태워 그 둘레를 밝히고 따뜻하게 할 수 있는 마음을 키워주는 것 또한 결코 빠뜨려선 안 되겠지요.

학생들의 손놀림을 좋게 하기 위해서는 뜨개질부터 하는 것이 좋습니다. 조금 더 자세히 말하자면 긴 줄·인형싸개·공주머니 그리고 모자를 뜨면서 학생들은 손과 손가락을 섬세하게 쓰는 것과 한 코 한 코를 뜰 때마다 들쭉날쭉이 아니라 똑같은 크기의 힘을 쓰는 것을 익힐 것입니다. 힘이 많다고 막무가내로 뜨개실을 당기면 볼품없게 된다는 것을 몸소 체험하고 나면, 아름다움은 있는 힘껏 하

2학년이 뜬 주머니. 3학년이 뜬 모자. 뜨개질거리를 담는 가방

는 데 있는 것이 아니라, 힘을 알맞게 쓰는 데 있다는 것을 잘 알게 될 것입니다. 그래서 무슨 일을 하건 우리 학생들은 거기에서 '알맞음'을 물을 테니, 이것이야말로 중용의 길을 몸에 닦는 것이라 해야겠지요. 욕망 폭발의 이 시대에 알맞음 즉 중용은 모든 사람이 쌓아야 할 덕목이라는 데에 어깃장을 놓을 사람은 없을 것입니다.

뜨개질을 할 때 거의 모든 학생들이 매우 집중한다는 점도 짚어두고 싶습니다. 몸의 움직임이 많은 것일수록 사람은 거기에 쉬 집중합니다. 몸의 격렬하고 빠른 움직임에 생각이 끼어들 자리가 없기 때문이지요. 그런데 뜨개질은 스님들이 참선할 때만큼은 아니어도, 몸의 움직임이 별로 없습니다. 그럼에도 어린이들은 뜨개질에 온 정신을 쏟으니, 몸의 움직임을 통한 집중에서 몸의 움직임이 없는 집중으로 넘어가는 징검다리 구실을 그것이 톡톡히 해내리라 봅니다.

4학년쯤이면 짚으로 새끼를 꼬아 짚신을 삼는 것도 좋다고 생각합니다. 뜨개질이 손과 손가락 쓰는 데에 맞추어져 있다면, 짚신삼기는 팔힘을 기르고 그것을 알맞게 쓰는 데에 맞추어져 있습니다. 그리고 학생들이 옛것과 스스럼없이 되는 것 또한 덤으로 얻을 수 있겠지요.

5학년 때는 그때까지 다듬어진 손놀림을 써서, 새로 들어올 1학년 학생들이 쓸 뜨개질거리를 담을 천가방과 어버이께 드릴 복주머니에 수를 놓아 만드는 것을 꿈꿉니다. 이것을 통해 학생들은 그들이 익힌 능력이, 누구를 위해 쓰여야 하는가를 생각하게 될 것입니다. 손가락과 팔 쓰는 것을 익힌 학생들은 시누대를 쪼개 연을 만들면서 칼 쓰는 법과 박을 타면서 리듬에 맞춰 톱질하는 법을 익힌 다음, 대나무를 쪼개 대바구니를 만드는 것도 좋을 것입니다. 칼은 석기시대의 정교함이고 톱은 철기시대의 정교함이니, 이 연장의 쓰임새를 익힌 학생들은, 이들 연장 속에 쌓인 시간의 두터움과 그 긴 시간에도 불구하고 아직도 시퍼렇게 날 서서 제 쓰임새를 밝히고 있는 이들의 생명력 앞에 옷깃을 여미지 않을 수 없을 것입니다. 학생들이 그런 느낌을 가질 수 있도록 돕는 것이 선생의 몫이기도 합니다. 물론 너무 드러나지 않도록 해야겠지요.

중학교 때는 제 스스로 쓸 책상과 걸상을 기계톱 등을 써서 만듭니다. 이것을 위해 학생들은 수많은 책상과 걸상을 떠올리고 그릴 것입니다. 그렇지만 더 먼저 해야 할 것이 있으니, 사람 몸의 생물학적인 상태를 눈여겨보는 것과 제 몸의 상태를 캐물어보는 것입니다. 그럴 때만 제 몸에 알맞은 책걸상을 만들 수 있기 때문입니다.

책걸상을 만드는 걸 통해 얻을 수 있는 것은 많지만, 딱 한 가지만 들겠습니다. 어떤 것에 많은 품과 시간을 들여놓고도 그것에 애착하지 않는 사람은 드뭅니다. 정성을 쏟은 것일수록 그것에 더 찰싹 달라붙는 게 사람의 마음인데, 책걸상을 만들기 위해선 참으로 많은 시간과 공력이 들어가야 합니다. 그러므로 학생들은 제 손으로 만든 걸상에 앉아서 제 손으로 만든 책상 위에서 뜻깊은 일을 하는 걸 기뻐할 것입니다. 제 손으로 만든 책걸상은 제 생명력이 겉으로 드러난 열매이기에, 그것과 함께하는 시간은 자신의 생명력 속에 안기는 것이기 때문입니다.

고등학교 때는 옷, 특히 생활한복 짓기에 힘을 모으려 합니다. 일상적인 삶 속에서 '뜻깊음'을 찾을 우리 터의 학생들에겐, 전통한복이 아름답긴 하지만 평상 옷이 아니란 점에서, 그것보다 생활한복 짓기가 더 알맞다고 생각합니다. 위에서 든 것들을 하는 데 여성이냐 남성이냐는 대수롭지 않은 것이기에, 우리 터의 학생들은 남녀를 떠나 모두 위의 것들을 익힐 것입니다.

여름

'다섯 씨 키움터'

기숙학교
수업료
시험

기숙학교

어린 시절에 부모님 곁에 있으면서 제 할 일을 할 수 있는 것만큼 바람직한 것은 없을 거라 생각합니다. 그런데 제대로 배우려면, 여러 까닭으로 인해 부모와 떨어져 살아야 할 경우가 생기는데, 이때 어떻게 해야 할지를 판때리기는 쉽지 않습니다. 저 역시 이에 대해 딱 부러지게 말할 수 없습니다. 더 나은 배움을 위해, 어린 나이에 부모 곁을 떠나 공부해서 뛰어나게 되었던 사람을 예로 들 순 있지만, 그것이 마치 일반적인 것인 양 잘못된 생각을 퍼뜨릴 수 있겠기에, 그렇게 하지 않겠습니다. 어떤 경우에도 일반적인 것은 어버이 곁에서 사는 것이기 때문입니다.

다만 기숙학교가 가장 좋은 길은 아님을 뻔히 알면서도, 기숙학교여도 괜찮은가를 살펴보려 합니다. 도시 어린이들의 전부라 할 수 있는 텔레비전, 인터넷, 오락 그리고 학원이 나쁘기만 하다고 할 수는 없지만, 그것들이 사람을 잘 기르는 주춧돌이라고도 할 수 없을 것입니다. 바른 인격의 바탕을 마련하고, 평생에 걸쳐 이룰 꿈을 꾸고 그리고 그 꿈을 이룰 능력을 키우고 솜씨를 다듬어야 할 파릇파릇한 나이에 위와 같은 환경에 빠져 있는 것은 썩 좋은 꼴은 아닌 듯합니다. 이런 엉뚱한 환경과 거리를 둘 수 있다면, 부모 곁을 떠나 기숙생활을 하는 것도 그런대로 괜찮지 않을까요?

둘째는 학생들이 배워야 할 것을 앞에서 말했는데, 학생들이 배우고 눈떠야 할 것이 그렇게 많기 때문입니다. 그런데 이것들을 암기시키거나 주입시키는 게 아니라, 학생의 느낌에 가 닿게 해야 하니, 들여야 할 품과 시간은 그만큼 더 늘어날 수밖에 없습니다.

셋째는 기숙학교가 아니면 특정 지역, 특정 계층의 딸과 아들만 새로운 학교에 들어올 것입니다. 또한 큰 도시에 학교를 세우려면 너무 많은 돈이 들어가기 때문입니다.

넷째는 앞에서 제가 밝혔듯이, 지금은 이미 가학家學이 불가능한 시대입니다. 학교와 사회가 경쟁만능주의로 돌아가다 보니, 학교가 끝나면 학생을 학원으로 내몰 수밖에 없다고 많은 학부모님들이 여깁니다. 학원이 학생을 잘 가르칠 수 있다는 건 결코 들어맞는 말일 수 없습니다. 그런데 이 말은 학원에서는 학생의 실력을 도무지 키워줄 수 없다는 뜻이 아니고, 학원의 본질이 그렇다는 것입니다. 학원의 본질은 '한 달 치기' 입니다.

학원은 수강료를 받을 때마다 학부모로부터 평가를 받는데, 달마다 수강료를 받으니, 한 달 치기가 되지 않을 수 없습니다. 한 달 목숨이다 보니, 비장하게 제 몸을 번쩍번쩍 빛내고 목소리를 높이지만, 한 학생의 기나긴 삶이 끼어들 자리는 거기에 없습니다. 빛 좋은 개살구지요. 학생이 살아야 할 그 긴 삶을 빠뜨리고서도 학생을 잘 가르칠 수 있다는 건, 씨알 빠진 소리임에 틀림없습니다. 그런데도 우리나라 학부모님들은 학원에 제 자식을 맡기지 않을 수 없습니다. 우리 사회가 이미 정글이란 것을 학부모님들은 잘 알고 있기에, 정글에서 필요한 것은 그때그때를 버텨나가게 하는 무기이고 발톱이지, 인생 100년을 아름답게 수놓을 마음이 아니란 걸 너무도 잘 느끼고 있기 때문이지요.

수업료

학생이 공부를 잘해서 도덕적인 인간에 이르기 위해서는 참으로 많은 분들의 마음이 모아져야 합니다. 우선 배우는 학생 자신이 공부와 도덕이 동떨어져 있지 않다는 깨달음에 이르러야 할 것입니다. 그러기 위해서는 학생 둘레에 있는 사람들이 학생들에게 그런 마음을 북돋고 키워줘야 합니다. 학생 둘레에 있는 사람들은 크게 세 동아리로 나뉘는데, 선생님들, 같이 공부하는 벗들 그리고 부모님들의 동아리가 그것입니다. 선생님과 학생이 만나는 들판은, 가르침의 알맹이(내용)와 그 방법 그리고 선생님들이 살아가는 모습입니다. 이것에 대해서는 '무엇을 어떻게 배우고 가르칠 것인가?'에서 그런 대로 다루었다고 생각합니다.

이제 어떻게 하면 어버이들이 학생들의 마음을 키울 수 있는가를 다룰 차례입니다. 물론 어버이들이 살아가는 꼴이 그 으뜸 자리에 올 것이고, 이것 말고도 살펴봐야 할 것들은 많습니다. 하지만 여기서 그것들을 다 다룰 수는 없기에 딱 한 가지, 수업료를 대하는 부모님들의 마음이 어떠해야 하는지만 다루도록 하겠습니다.

사람은 그를 둘러싸고 있는 기운 속에서 자신의 꼴을 이루어갑니다. 어리면 어릴수록 이것은 더 또렷합니다. 그런데 부모님들은 우리 터에서 이루어질 '공부를 잘하는' 즉 학습능력이 뛰어난 학생을 기르는 일에 직접적으로 함께 할 수는 없습니다. 이분들은 학생들을 '도덕적 인간'으로 길러내는 일에 힘써야 할 것입니다. 그러면 도덕은 무엇이고, 어떻게 해야 도덕적 인간이 생겨날 수 있을까요?

무슨 말을 한다 해도 '우리 시대'를 벗어난 도덕은 있을 수 없습니다. 우리 시대는 자유·평등·사랑(프랑스혁명이 내세운 것은 '사랑'이 아니라 '우애'지만, 지금을 살고 있는 우리는 '우애'가 설익은 것임을 안다.)을 제쳐놓으면 말이 서질 않습니다. 자유·평등·사랑의 깊은 뜻에 대해선 많은 분들이 밝혀놓았으니, 여기서는 수업료와 그것들이 어떻게 엮여 있는지만 보도록 하겠습니다.

평등을 말하면, 우리는 대개 법 앞에서의 평등만을 떠올립니다. 조선시대의 신분제와 군사 독재시대의 탈법과 특권이 워낙 지독했던지라, 한때는 법 앞에서의 평등만으로도 우리의 가슴을 설레게 했던 적이 있었습니다. 그래서 많은 분들이 자기의 젊음을 바쳐 법 앞에서의 평등을 이루려 했고, 실제로 어느 정도는 열매를 맺었습니다. 그러면서 우리가 깨달았던 것은 경제, 더 분명하게 말하면 '돈' 앞에서의 평등이 법 앞에서의 평등보다 더 근원적이고 바탕이 된다는 점입니다. 이것이 없는 평등은 알맹이 없는 평등이고 헛물 켜는 노릇일 뿐입니다. 다시 말해 우리 시대는 평등을 빼놓고는 도덕성을 말 할 수 없는 시대이니, 돈 앞에서의 평등이 없이는 도덕성이 자리 잡을 수 없다는 소리입니다.

학생들은 그들을 둘러싸고 있는 기운을 마시고 그것에 따라서 제 인격을 짓습니다. 그들을 둘러싸고 있는 기운이 불평등한데도, 평등을 사랑하는 인격 즉 도덕성을 갖춘다는 것은 참으로 어려운 일이 아닐 수 없습니다. 이런 까닭에 학부모님들이 수업료를 어떤 방식으로 내는가는 돈의 문제가 아니라, 교육 문제인 것입니다. 학생들은 보고 배워야 합니다. 돈과 능력이 어떻게 쓰여야 하는가를. 그리고 빈부의 차이를 뛰어 넘어서 사람 대 사람으로 만나는 길이 무엇인지를. 가난하건 잘살건 모두가 존엄한 인간이라고 말로만 해봤자 쓸데없는 일입니다.

제도적으로 그 말이 뒷받침 되는 것을 보지 못하면, 말과 실제 사이에 있는 큰 도랑만을 볼 것이고, 더 나아가서 말과 생각을 겉껍데기, 겉치레 정도로 여기게 될 것입니다. 이런 학생이 도덕적인 인간이 된다고는 도무지 생각할 수 없습니다. 그러니 문제는 말이 아니라, 제도적으로 뒷받침되는 경제적 평등입니다. 이것은 국가적으로 전 세계적으로 이루어져야 합니다. 불행하게도 우리의 힘은 직접적으로 거기까지는 뻗치질 못합니다. 그렇기는 하지만 조그마한 단체

가령 한 학교 같은 데서는 마음만 먹으면 할 수 있습니다. 발도르프 학교가 하고 있는 학부모님의 자산과 월급에 따른 '차등수업료제도'가 그것입니다.

그러니 학부모님들은 깊이 새겨야 합니다. 돈과 능력에 따른 차등수업료제도야말로, 돈과 능력을 어떻게 써야 하는가를 학생들에게 보여줄 수 있는 교육의 마당이란 것을. 그렇다고 그저 해보는 정도나 생색내기 정도여서는 안 됩니다. 실제적이어야 합니다. 그러려면, 현재 한국에서 가난한 사람과 부자 사이에 있는 사교육비 차이가 상당한 정도로 반영되어야 합니다. 지금 그 차이가 1대8 정도라고 하니, 제대로 된 학교의 수업료는 1대4 정도의 차이는 나야 하지 않겠습니까?

이 말은 한국인들에겐 참으로 놀라운 소리일 것입니다. 그래서 '이상은 좋다만, 되겠는가?'라며 이내 고개를 저을 지도 모릅니다. 경제적 평등이란 한국 사람들에게 참으로 낯선 것이기에, 그것을 이땅에서 이루어내는 것은 어려운 일임에 틀림없습니다. 그렇지만 이것이 이루어지지 않고서는 사람이 살만한 땅이 될 수는 없겠기에, 특히 돈 있는 분들이 다른 사람보다 몇 배의 수업료를 내겠다는 마음을 다잡을 수 있도록 세 가지만 더 말하겠습니다.

우선 앞에서 말한 학교 즉 차등수업료까지를 포함해서 수업내용과 그 방법까지 통틀어보았을 때, 그런 학교가 있어야겠다는 마음이 드느냐이고, 더 나아가 내 자식을 그런 학교에 보내고 싶은가입니다.

다음은 이 학교에서 가르칠 선생님들이, 어떤 학부모님보다도 더 많이 희생할 거라는 점입니다. 이 학교의 선생님들은 넉넉하지는 않다 하더라도 먹고 사는 게 구차하지는 않을 정도의 월급은 받아야 합니다. 최소한의 품위 유지는 할 수 있어야 한다는 말입니다. 그렇지만 대안학교 선생님의 대부분이 그렇듯이, 다른 곳에서 받을 수 있는 월급보다 적게는 100만원에서 많게는 수백 만원까지 덜 받으면서 '새로운 터'를 일구어나갈 거라는 것입니다. 이 점을 떠올린다면, 다른 사람보다 수업료를 많이 내는 것에 대해 한결 쉽게 마음을 먹을 수 있을 것입니다.

마지막으로 경제적 평등이 어느 정도라도 이루어지면 어떤 사회, 어떤 나라가 되는지를 보여주고 싶습니다. 여기에 본보기로 보일 나라가 여럿일 것입니다. 하지만 제가 살면서 몸소 느꼈던 나라를 들어 보이는 게 여러분 살갗에 더 닿겠기에, 독일에서 우리 가족이 누렸던 '나름대로의 인간다운 사회'를 보여주도록 하겠습니다.

우리는 걸핏하면 독일 등 유럽의 국가들이 사회보장비 때문에 경기가 가라앉아서, 그 비용을 줄이고 있다고 말합니다. 그리고는 우리도 공동체적인 삶을 즉 사회보장비를 줄여야 한다고 말합니다. 그런데 이 말은 맞는 말일까요? 우리가 독일의 경우를 거울로 삼을 수 있을까요? 높은 사회보장 때문에 독일 경제가 침체하고 실업자가 늘어났는지 어땠는지는 모르지만, 독일 정부가 사회보장비를 줄이고 있다는 소리만은 맞기는 합니다. 그런데 얼치기 보수주의자들은 여기까지만 말합니다. 독일의 사회보장이 낮아져서 독일 사람들이 지금 어느 정도의 사회보장을 누리는지를 그들은 말하려 하지 않습니다. 왜 그럴까요? 독일의 나빠진 사회보장을 말하는 순간, 사회보장을 높여야 한다는 말에 뒷다리를 걸었던 자기들의 말이 얼마나 초라하게 될 것인가를 그들은 너무도 잘 알고 있기 때문입니다. 나빠진 독일 사회 보장이 어느 정도인지를 우리는 알아야 합니다. 그러면 제 말이 흰소리인지 아닌지가 가늠될 것입니다.

한국인의 생명을 갉아먹는 게 교육비·의료비·집값이라는 데에 딴죽을 걸 사람은 없겠기에, 독일은 이 세 가지를 어떻게 다루고 있는가를 보도록 하겠습니다. 먼저 교육비를 살펴보겠습니다. 옛날에는 독일인은 물론이려니와 외국인까지도 초등학교부터 박사과정까지 돈 한 푼 안 냈는데, 요즘은 몇몇 주에서 대학생에 한 해(박사과정에 있는 사람은 여러 예외 조항에 해당하기에 거의가 면제된다.) 한 학기에 얼추 60만원의 수업료를 내는 것으로 바뀌었습니다. 그런데 독일 사람들은 태어나자마자부터 25살 남짓까지 경제 활동을 하지 않으면 달마다 20만원 정도 정부로부터 받고 있습니다. 그러니 대학생이 한 학기에 60만원 쯤 내는 것은 정부로부터 받은 돈의 한 쪼가리를 내놓는 것에 지나지 않습니다.

여기서 우리는 또 한 가지를 알고 있어야만 하는데, 옛날에는 외국인도 독일에서 살기만 하면, 독일인과 조금도 다름없이 25살까지 매달 20만원을 받았다는 사실입니다. 그런데 아직도 독일 사람은 누구나 그 보조금을 받지만, 외국인은 그의 부모님이 독일에서 경제활동을 하는 아들딸들만 이 보조금을 받을 수 있게 좁혀진 게 나빠진 독일의 사회보장입니다. 대학생이 한 학기에 얼추 60만원을 수업료로 내게 되었기로서니, 독일인이든 독일에서 사는 외국인이든, 돈 때문에 공부를 못했다는 소리는 꽤 뻔뻔한 사람이 아니면 할 수 없겠구나 하는 생각이 들 것입니다. 더구나 사회민주당이 힘을 뻗치고 있는 주에서는, 2007년 여름 제가 독일에서 돌아올 때까지도 완전히 공싸로 공부할 수 있다는 사실입니다.

이제 저와 아내가 독일에서 어떻게 사범대학에 다녔는지를 말해야겠습니다. 우리가 다닌 곳은 사립이니까(독일에 있는 학교는 대부분 국립이다.) 수업료를 내야 했는데, 1년에 얼추 150만원 정도였습니다. 그것으로는 학교 유지비가 턱없이 모자라기에 국가보조금, 기부금 등으로 학교가 운영되었지요. 그런데 우리 부부처럼 돈 없는 사람은 그나마도 공짜였습니다. 실력이 좋아서 장학금을 받은 것이 아닙니다. 그냥 돈을 안 벌기에 수업료를 면제 받았을 뿐입니다. '공부는 하고 싶은데 돈이 없는 사람에게 장학금을 주어 공부할 수 있도록 해주는 게 마땅하다' 고 그들은 생각하는 것입니다. 이런 곳이야말로 사람이 살만한 곳이라 해야 하지 않겠습니까?

다음은 의료비입니다. 옛날에는 가까운 곳에서 치료를 받을 수 없어 먼 곳으로 가 진료를 받은 경우, 의료비가 전액 공짜인 것은 물론이고 그곳까지 갈 택시비도 나왔었는데, 이제 그런 택시비가 안 나오게 된 것. 옛날에는 몽땅 공짜였는데, 이제는 어떤 병으로 병원에 갔던 간에 마지막으로 병원에 간 날부터 3개월이 지나 새로 어떤 병원에 가게 되면, 12,000원을 내야 하는 것. 이게 나빠진 독일의 의료보험입니다. 12,000원을 내고 나면, MRI 촬영이 되었건 수술을 하건

몇날 며칠 입원하건 다 공짜인 것은 아직도 그대로입니다. 게다가 입원실은 1인실과 2인실 밖에 없을 정도로, 위생적이면서 편안할 뿐만 아니라 간호사가 간병인의 구실까지 다 하게끔 되어 있으므로, 가족이 병실에 머물면서 병자를 거들어야 할 까닭도 없습니다.

그래서 가족 중의 누가 아프더라도, 식구들은 오로지 그 병이 낫기를 바랄뿐 다른 걱정을 할 필요가 없습니다. 이에 반해, 우리나라는 어떻습니까? 가족 중에서 누가 오랜 시간이 걸리는 병이라도 걸리면, 계층 하락을 한다고 할 정도로 우리의 의료보험은 형편없습니다.

이제 집에 관해 말씀드리겠습니다. 하루는 우리 가족이 독일인 가정에 놀러 갔는데, 아주머니께서 저희에게 "한국 정부의 도움으로 생활하는가?"하고 물으셨습니다. "그동안 벌어놓은 돈을 까먹고 있다"고 제가 대답하자, 아주머니께선 집세 도움 신청을 하라면서 신청할 곳과 그 위치까지 친절하게 알려주셨습니다. 그런데, 외국인도 그런 도움을 받을 수 있다고는 도무지 믿기지 않아서 저는 대꾸했지요.

"저는 외국인이라서……"라고 하자 그분은 "외국인이면 어떤가, 독일에 살고 있고 안팎으로 다 대학생이니 돈은 부족할 테고, 얘들도 길러야 하니 정부에서 도와주는 게 마땅하지 않은가!"라고 하셨습니다. 그럼에도 저는 외국인도 그런 도움을 받을 수 있다는 게 믿을 수 없어 집세 도움을 신청하지 않았습니다. 그로부터 서너 달이 지나 또 그분 집에 놀러가게 되었는데, 그 아주머니께서 집세 도움 신청은 했느냐고 물으셨습니다. 제가 안했다고 하자, 그분은 지난

번에 했던 "외국인이면 어떤가, 독일에 살고 있고, 안팎으로 다 대학생이니 돈은 부족할 테고, 애들도 길러야 하니, 정부에서 도와주는 게 마땅하지 않은가!"를 똑같이 말씀하셨습니다.

집에 돌아와 곰곰이 생각해보니 그 아주머니께서 말씀하신대로의 국가야말로 사람이 사는 나라이겠구나 하는 생각이 들어, 그냥 해보기나 하자는 마음으로 아주머니 말씀을 따랐습니다. 다섯 달쯤 지나 한 통의 편지를 받는데, 저는 깜짝 놀라지 않을 수 없었습니다. 제가 신청한 날로 거슬러 올라가서, 그때부터 얼추잡아 집세의 90퍼센트 정도를 1년 동안 보태주겠다는 것과 그 기간이 끝날 때쯤 다시 신청하라고 거기에 적혀 있었기 때문입니다. 그렇게 해서 저는 독일에서 돌아오는 날까지, 단 한 달도 빼놓지 않고 집세를 도움 받을 수 있었습니다.

제가 독일 사회를 높이 보는 것은 저희 가족의 집세를 도와주었다는 데에 있기보다는 "외국인이면 어떤가……" 하는 마음을 길러낸 독일의 문화와 제도에 더 큰 까닭이 있습니다. 이런 저의 생각을 두고, 한 사람의 경우를 보고 일반화시키는 잘못을 저질렀다고 타박하는 분도 있겠지만, 저는 그 아주머니의 말씀이 독일인의 보편적인 마음을 드러낸 것이라고 여깁니다. 그분은 결코 지식인이 아니었고, 터키계 청소부 남편과, 독일인이 거의 살지 않는 연립 주택에 살고 계시는 평범한 분이었기 때문입니다. 독일 제도는 '집'을 어떻게 다루고 있는지를 좀더 말씀드리겠습니다.

세든 사람은 두세 달 전에 집을 비우겠다고 집주인께 말하면 되지만, 집주인은 자기 가족이 그 집에 살아야 한다든가 등의 아주 특별한 까닭이 아니면 세든 사람에게 집을 비워달라고 할 수가 없습니다. 그래서 한 집에서 20년 이상 사는 사람도 꽤 있습니다. 그리고 월세는 1년에 한 번씩 오르는데, 2, 3퍼센트 정도로 묶여 있다는 사실입니다. 이러니 독일에 살면서 집이 없은들, 무슨 걱정거리나 되겠습니까?

어디 이뿐입니까? 어린이 한 명당 책과 CD를 합해 50묶음을 한 달 기한으로 마을 도서관에서 빌릴 수 있고, 전화만 하면 두 번 더 연장할 수 있습니다. 저희는 아이들이 둘이니 CD가 되었건 책이 되었건 100묶음을 전화를 두 번만 하면 세 달 동안 저희 책장에 꽂아놓을 수 있었습니다. 또한 독일에 사는 사람이면 누구나 대학도서관에서 마음대로 책을 빌릴 수 있다는 사실을 우리는 알아야 합니다.

또 있습니다. 저희가 살았던 만하임에서는 어떤 가정이라도 넉넉한 문화생활을 할 수 있도록 가족마다에게 매년 50장의 표를 거저 줍니다. 표 한 장이면, 가족 모두가 그 표에 적힌 시설을 한 번 이용할 수 있으니, 가족이 매주 한 번씩 다녀야 다 쓸 수 있는 양입니다. 거기에는 아이스하키 관람표 1장, 승마표 1장, 박물관 입장권 몇 장, 어린이 극장표 2장, 실내수영장표 6장, 실외수영장표 6장 등이 들어 있습니다. 승마표를 가지고가 한 명당 5,000원 쯤 내면, 30분 간 승마 개인 강습을 받을 수 있습니다. 그리고 수영장표 1장을 가지고 가면 가족 모두가 공짜입니다.

실외 수영장을 조금만 묘사하겠습니다. 한 곳에 수영장이 세 개

있는데, 하나는 다이빙대까지 갖추었고, 다른 하나는 물미끄럼대를 갖추었으며, 나머지 하나는 서너 살 먹은 아이들이 놀 수 있는 곳입니다. 그리고 그 둘레에는 잔디밭으로 삥 둘렀는데, 거기엔 놀이터 배구 코트 등이 있습니다. 그야말로 영화에서나 보는 곳이지요. 그런데도 온 가족이 일 년에 여섯 번이나 공짜로 갈 수 있으니, 얼마나 좋은 곳입니까? 못박아 말하건데, 이 표 50장만으로도, 한국에서 돈이 아주 많은 사람이 누릴 수 있는 최고의 문화생활을 만하임에선 독일인 가정이건 외국인 가정이건 모두 누릴 수 있다는 사실입니다.

이게 나빠진 독일 사회입니다. 그런데도 독일의 사회보장과 복지의 발뒤꿈치도 못 볼 정도로 뒤쳐져 있는 한국의 사회보장이 부끄럽지도 않아서, 독일이 사회보장을 낮추었니 어쨌니 한다는 게 말이 됩니까? 사회보장과 복지 쪽에서만 본다면, 한국인과 독일인은 전혀 다른 세계에서 살고 있다는 게 정직한 소리일 겁니다. 차원이 다르고 세계가 다른데 어떻게 견줄 수 있겠습니까? 한국과 독일의 거리가 이 정도로 멀다 보니, 저희 가족이 한국에 들어오려 했을 때, 거기에 살고 있던 한국 분들께서 저희에게 "독일 발도르프학교에서 가르칠 수 있는 자격증까지 있으면서 뭐 하러 한국에 들어가느냐?" 라고 묻는 게 저희는 하나도 이상하지 않았습니다. 그때마다 저희들은 웃으면서 "할 일이 있어서 돌아갑니다"고 했지만 씁쓸하지 않을 수 없었습니다. 우리도 최소한 그런 사회 속에서 살아야 하지 않겠습니까? 그러려면 작은 단체에서나마 경제적 평등이 이뤄져야 하고, 그것을 통해 그런 문화가 우리 사회 전체로 퍼져나가야 합니다.

"그야 다 알지. 독일은 돈이 많고 우리나라는 돈이 없잖아"라고 말하는 사람이 있을 것입니다. 그 말이 올바른 말이 아니라는 점을 밝히기 위해, 꼼꼼한 고세훈 교수님이 지은《복지 한국, 미래는 있는가》에서 몇 군데만 따오겠습니다.

"서유럽 국가들이 복지국가를 본격적으로 발전시킨 것은 오늘의 한국보다 국민 소득수준이 비교가 안 될 정도로 낮았던 2차 대전 종전 후, 전쟁이 남긴 폐허 위에서였다."

"한국은, 체코나 폴란드보다 1인당 국민소득이 2-3배 높지만 빈곤율 또한 2-3배를 기록하고 있다."

"미국이 성장이 부족해서 복지국가로 분류되기 어려운 것이 아니며, 한국이 분배를 하기엔 성장이 부족한 것이 아니다."

"복지 선진국들은, 오늘날의 우리와 비슷한 수준의 1인당 국민소득 수준에 진입했던 1980년대에, 국민총생산 대비 공공부조 지출 비율에서 오늘날 한국의 8-10배를 지출했고 …… 지난 사반세기 동안 위세를 떨쳤던 신보수적 정치와 '복지국가 위기론'에도 불구하고, 여전히 국민총생산의 50-60퍼센트를 국가예산을 통해 지출하고, 국가예산의 50-60퍼센트를 복지 관련 지출에 할애하고 있다."

"한국의 복지 지출은 …… 오늘날 우리보다 훨씬 못한 소득
수준을 지닌 동구나 근동의 국가들(한국의 1.5~2배 수준)에 비해
서도 매우 열악한 실정이다."

이만하면 '돈이 없잖아'라는 말이 잠꼬대에 지니지 않음을 알 수
있을 겁니다. 더불어 살 돈이 아니라, 더불어 살 사회보장제도가 없
고, 더불어 살 마음이 없는 거지요. 함께 잘살 수 있도록 사회제도가
되어 있지 않다보니, 남보다 앞서야 한다는 마음만이 삐쭉삐쭉 솟
아나서 서로가 서로에게 사람이 아니라 늑대이고 여우가 되어버렸
습니다.

우리의 경제력은 이미 세계 11번째입니다. 우리보다 훨씬 못사는
나라 사람도, 우리보다 훨씬 나은 사회보장 속에서 삶을 누리고 있
다는 사실을 뚜렷이 봐야 합니다.

앞에서 저는 우리에겐 가족사회만 있다고 말했습니다. 이제 우리
는 가족사회를 넘어, 적게 잡아도 민족사회는 이루어야 하지 않을
까요? 사회란 무엇입니까? 사회社會란 사직단, 사직공원에서 보듯
땅 신에게 제사지내기 위해 함께 모인 집단을 가리킵니다. 제사를
지낸 뒤, 젯밥을 함께 나누어 먹는 게 사회인 것입니다. 물론 먹는
종류와 양에서 조금의 차이는 있겠지만, 그게 골칫거리가 될 정도
는 아닙니다. 그런데 지금 한국은 그렇지 않습니다. 삶의 바탕인 먹
거리가 서로 간에 달라도 너무 다릅니다. 먹거리가 엇비슷한 것은
가족 안에서일 뿐입니다. 가족을 넘어가는 사회는 한국에 없습니

다. 아니, 있기는 합니다. 개나 고양이 같은 애완동물이 가족사회에 덧대져 있는 게 그것입니다.

금수강산에서 사람의 목소리가 다시 들려야 하지 않겠습니까? 그러려면 돈이 없다고 받고 싶은 교육을 못 받는 일이 생겨서는 안 됩니다. 그래서 차등수업료제가 필요한 것입니다. 지금껏 저는 부모님의 재산과 수입에 따라 차등수업료를 내야 함을 꽤 길게 말했습니다. 이 점을 비껴가고서는 올바른 교육이 이루어질 수 없다고 믿기 때문입니다. 또한, 도덕이 보편적인 길이라면, 자기 것을 덜어내지 않고서도 이루어질 도덕은 이 세상에 없을 것이라고 여기기 때문입니다.

시험

공부를 통해 인격을 갖추기 위해서는 학생들은 서로 어떤 사이여야 할까요? 경쟁하는 사이여야 할까요? 서로 도와주는 사이여야 할까요? 정답을 모르는 사람은 없을 것입니다. 경쟁이 인격을 키우고 도덕성을 키운다고는 아무도 생각하지 않기 때문입니다. 그런데도 한국에서는 경쟁력을 높여야 된다는 소리만이 드높은데, 그 까닭이 무엇일까요? 경쟁력이 있어야 그럴 듯한 곳에 취직도 하고 남들에게 대접받으며 살 수 있다는 경험 때문일 것입니다. 그래서 우리 어른들은 어린 학생들을 일찌감치 경쟁의 마당에 내놓고, 거기서 쓰러지지 않도록 옛날 로마가 검투사를 만들어내듯 그렇게 학생들을 만들고 있습니다.

능력이 아니라 경쟁력을 키우기 위해서는 로마의 검투사들이 그 랬듯 실전 경험이 무엇보다 필요합니다. 그래서 우리는 초등학교까 지 전국단위 시험을 또다시 만들어냈고 그것을 더욱 더 세게 밀어 붙이려 하고 있습니다. 여기서 우리는 한 가지를 떠올려야 합니다. 로마의 검투사들은 실전을 통해서 경쟁력을 키웠지만, 동양의 무술 인들은 홀로 실력을 키웠다는 사실을. 남을 쓰러뜨리는 게 검투사 의 푯대였다면, 자기 자신을 이기는 게 무도인의 푯대였다는 사실 을. 그래서 우리는 경쟁력 있는 검투사에게서는 인격을 기대하지 않지만, 실력 있는 무도인에게서는 인격을 떠올리는 사실을. 그 까 닭은 무武가 술術만이 아니라 도道까지 이를 수 있고, 그래야 한다고 믿기 때문입니다.

그럼 공부는 어떤가요? 문제풀이 기술技術에서 끝날 수도 있습니 다. 남을 쓰러뜨리는 무기로 공부가 쓰이기도 합니다. 시험을 통해 자신의 무기를 날카롭게 벼릴 수도 있습니다. 공부를 통해서 갈 수 있는 곳이 여기까지인가요? 공부를 통해서, 기술이 아니라 도道에 이를 수는 없는가요? 여태 제가 한 소리에 귀 기울였다면, 이것에 대 해 어느 쪽 손을 들어 주어야 하는가는 또렷할 것입니다. 다만 올바 른 교육인가가 문제될 뿐입니다.

그런데 여기서 하나 더 짚고 넘어가겠습니다. '경쟁의 길을 통해 야만 경쟁력의 극대치에 이를 수 있는가' 가 그것입니다. 핀란드의 경우를 살펴보면서, 이에 대한 답을 찾아보도록 하겠습니다.

> "국제지표들로 볼 때 교육 부문에서 세계 최강국은 단연 핀란
> 드다. 경제협력개발기구OECD가 3년마다 벌이는 학업성취도
> 국제비교연구PISA에서 2000, 2003, 2006년 잇따라 최고 성적
> 을 냈다. 스위스 국제경영개발원이 발표하는 국제교육경쟁
> 력 순위에서도 핀란드는 2004–2006년 줄곧 1위를 차지했다."
>
> 〈한겨레신문〉 2008. 2. 15

교육 부문 국제경쟁력에서 최고인 핀란드는 그러면 경쟁을 통해
서 여기에 이르렀을까요? 핀란드 교육 관계자들의 말을 직접 들어
보기로 하겠습니다. 핀란드 국가교육청 고문 라우카넨은 한국과 핀
란드의 교육은 무엇이 다른가라는 〈한겨레신문〉 김기태 기자의 물
음에 이렇게 답했습니다.

> "예를 들어, 한 학생이 학업과정에서 문제가 있다고 생각되
> 면 핀란드는 국가와 학교에서 신경을 쓰지만, 한국에서는 주
> 로 학부모가 신경을 쓴다. 게다가 한국 학생들은 경쟁으로
> 상당한 스트레스를 받는 것으로 알고 있다. 한국은 경쟁사회
> 이지만, 핀란드는 그렇지 않다. 한 사회 내부의 경쟁이 곧 그
> 사회의 경쟁력으로 연결된다고 생각지 않는다."

이에 '핀란드 교육의 성공비결은 무엇인가?' 라고 묻는 기자에게 그는 말했습니다. '첫째는 질 높은 교사들인데 그들은 모두 핀란드의 교육 철학에 깊은 이해를 가지고 있다. 둘째는 교육 현장에 부여된 자율권이다. 셋째는 아이들에 대한 기대 수준을 끌어올려 개개인에게 자신과의 경쟁을 유도해 성취도를 높인다' 고 했습니다. 여기서 말한 '자신과의 경쟁을 유도해 경쟁력을 높인다' 는 말을 우리는 되씹어봐야 합니다. 앞에서 말했듯이, 이것은 동양의 무도인武道人들과 우리의 선비들이 걸었던 길이기에 더욱 그렇습니다.

이번에는 경쟁이 가지는 좋은 점을 알고 있는 사람의 말을 들어보겠습니다. 수학의 노벨상이라는 필드 상을 받은 일본인 히로나카 헤이스케의 말이 그것입니다.

"경쟁의식을 갖는 것은 나쁜 일이 아니다. 남과의 경쟁을 통해 자기도 발전하기 때문이다. 기업사회에서 경쟁사에 대항하는 의식을 가짐으로써 기업이 성장한 것을 가끔 볼 수 있는데, 이것이 인간관계에서도 통하는 경우가 적지 않다.
이런 예를 보면 경쟁의식을 가짐으로써 노력해야 할 목표의 초점이 보다 선명해지는 것을 알 수 있다. 이런 경우에는 먼저 상대방의 우수성을 솔직히 인정하고 있어야 한다. 상대를 인정하고 더 나아가 존경심까지 갖는다면 단적으로 말해서 상대가 성장하면 할수록 자기도 또한 클 수 있게 된다."

이렇게 경쟁의식의 좋은 점을 인정한 그도 곧바로 경쟁의식의 나쁜 점을 듭니다.

"그러나 경쟁의식이 이와 같이 좋은 결과를 나타내는 경우는 비교적 적다. 대부분의 경우 좋지 않은 결과를 만드는 것이 보통이다. 왜냐하면 사람이 갖고 있는 정신 에너지 중 창조에 쓰이는 부분의 비율이 경쟁의식으로 인해 질투로 변형됨으로써 상당히 낮아지기 때문이다. 정신 에너지는 사고 에너지, 창조 에너지 등을 포함한 에너지인데, 그것이 남과의 우열경쟁에 소모된다면 그만큼 창조 에너지가 적어지기 때문이다. 이렇게 되면 다른 사람과 경쟁함으로써 자기가 도달하려는 목표의 초점이 흐려지고 결국에는 좋은 결과를 얻지 못하게 된다. 경쟁의식은 결과적으로 볼 때 '좋은 경쟁의식' 과 '나쁜 경쟁의식' 의 두 가지로 나눌 수 있다. 경쟁의식이 좋지 못한 결과로 이어진 사례를 검토해보면, 첫째 경쟁자를 존경하기보다는 경멸하는 경향이 있고, 둘째 그 사람 안에 경쟁자를 밀어뜨리려는 의식이 끊임없이 작용하고 있음을 알게 된다. 즉 경쟁자를 질투하고 있는 것이다. 질투심 때문에 정신 에너지가 마멸되고 판단력이 흐려지며 결과적으로 자기가 겨냥하는 목표의 초점을 잃어버리게 된다."

《학문의 즐거움》, 97-99쪽

우리나라 학교에서는 이미 시새워하는 마음과 새암(질투)하는 마음을 부추겨서 학습능력을 키우기로 마음먹었기에, 학습능력이라 하지 않고 '경쟁력' 이라 하는 지경에 이르렀습니다. 히로나카 헤이스케가 말한 '나쁜 경쟁의식' 상태에 이미 들어가 있음을 알 수 있습니다. '나쁜 경쟁의식' 은 그의 말마따나 '창조력' 을 고갈시킵니다. 대학교 이후 우리나라 사람들의 국제경쟁력이 확 떨어진다고 하는데, '고갈된 창조력' 이란 말에서 그 까닭을 찾을 수 있는 것이 아닐까요?

참으로 가슴 막히는 논문을 김승기 박사가 미국 콜롬비아 사범대학에 냈습니다. 1985년부터 2007년까지 하버드, 예일 등 14개 미국 명문대학교에 입학한 한국인 학생 1400명을 조사한 결과, 44퍼센트가 중도하차했다고 합니다. 이는 유대계 12.5퍼센트, 인도계 21.5퍼센트, 중국계 25퍼센트의 중도탈락률보다 훨씬 높습니다. 지금 우리 교육이 명문대학교에 합격은 시키지만, 그곳에서 공부할 수 있도록은 못한다는 사실을 또렷하게 보여주는 논문입니다. 다시 경쟁 문제로 돌아가겠습니다.

그러면 정말 '좋은 경쟁의식' 은 얼마나 오랫동안 지속될 수 있을까요? 경쟁의식의 밑바탕에는 '내가 너보다 못할 게 뭐냐?' 가 깔려있습니다. 다시 말해 상대편을 낮춰보고 인정하지 않는 마음이 그 자신을 붙들어 매고 있는 것입니다. 이것 때문에 '좋은 경쟁의식' 은 곧바로 '나쁜 경쟁의식' 으로 바뀌게 됩니다. 그래서 핀란드 교사협의회 회장인 피터 로슨이 한국에 와서 "경쟁은 스포츠에나 필요하지,

교육엔 필요 없습니다"라는 뼈아픈 말을 우리에게 했을 것입니다.

좀더 정확히 말하면, 경쟁과 시합만 하다보면 공부만이 아니라 스포츠도 제대로 배울 수 없습니다. 탁구건 바둑이건 기본기와 정석을 갖추지 못했는데도 시합만을 즐기는 사람은 실력이 늘지 않습니다. 이것이야말로 우리 모두가 알고 있는 경험 법칙입니다. 백 날 해도 실력이 늘지 않는 것을 가리켜 동네탁구니 복덕방바둑이니 하며 놀리는 것도 다 이런 경험에서 나온 것입니다. 기본기 없이 시합만 즐기는 사람은 실력은 없으면서도 이기려는 마음은 크니, 깐죽거리고 얍삽하고 꼼수나 찾는 인간이 됩니다.

그래서 어떤 스포츠 지도자가 되었건, 처음 그 스포츠를 배우는 사람에게 스포츠를 가르칠 때는 대부분의 시간을 기본기 갖추기에 씁니다. 가끔 시합을 시키기도 하지만 그것은 실력을 위해서라기보다는 기본기 갖추기만 하면 너무 따분해 할까봐 즉 재미를 위해서 하는 것입니다. 그런데 시합은 재미를 주지만, 시험은 공부의 재미를 빼앗아갑니다. 사실이 이러한데도 기본기를 갖추는 데에 모든 시간을 쏟아야 할 초등학생을 시험지옥으로 밀어넣는다는 게 말이나 되는 소리입니까? 경쟁과 시험으로 단련된 인간은 실력은 없고 얍삽하고 깐죽거리며 요령만 피우는 사람이 된다는 사실을 잊어서는 안 됩니다.

"경쟁은 스포츠에나 필요하지, 교육엔 필요 없습니다"는 말은 사실 우리 옛분들에겐 낯선 말이 아닙니다. 공자의 말이 그 증거입니다. "군자는 경쟁하지 않는다. 그렇지만 활쏘기에선 경쟁을 하는데 …… 예禮를 갖추어서 하니, 이것이야말로 군자다운 경쟁이다(君子

無所爭 必也射乎 揖讓而升 下而飮 其爭也君子)"라는 핀란드 교장협의회 회장의 말과 어찌 이리 판박이일까요? 경쟁은 스포츠의 본질일 뿐, 교육의 본질은 아니기에 그럴 것입니다. 그런데도 공자 후손이라는 공정택 서울시 교육감은 "나에게서 경쟁을 빼면 남는 것이 없다"고 했습니다. 불초자不肖子, 불초소생 즉 조상을 닮지 못한 후손임에 틀림없습니다. 공영규 공씨 대종회장은 "이번에 3만 4,000명의 한국인 공씨들이 대거 입적, 명실상부한 공자 후손이 됐다"(《문화일보》 2008. 2. 18)고 좋아하셨는데, 공 교육감도 좋아했는지 모르겠습니다.

그는 또 분당 갈보리교회 집사이면서도 "이웃을 네 자신같이 사랑하라"는 예수님의 말씀이 학생들의 마음속에 싹트는 것을 극구 막고 있습니다. 경쟁만이 살 길이라고 배운 학생들 마음속에 남을 섬기고 사랑하는 마음이 자랄 턱이 없지 않습니까? 그러니 공정택 서울시 교육감은 혈연적으로만 불초자가 아니고, 정신적이고 영적인 면에서도 불초자라 해야 할 것입니다.

그런데도 그는 자신이 불초자인 줄도 모르고 있으니 참으로 딱한 일이 아닐 수 없습니다. 아니 그는 불초자는 고사하고 사이비도 못 됩니다. 사이비似而非란 비슷하지만 아니라는 뜻입니다. 그는 공자, 예수님과는 비슷하지도 않고 외려 반대편에 서 있으니 사이비도 못 되는 것 아닙니까? 고전으로 인정받고 있는 교육이론서와 종교 경전 중 어디에 '경쟁력을 키우라'는 구절이 있는지 전 알지 못합니다. 그런데도 교육감이면서도 기독교인인 그가 경쟁력을 키우라는 간판을 높이 치켜들고 초등학교에 일제고사를 무덤에서 부활시키더니만, 그것도 모자라 국제중학교를 세우겠다고 하니 이 일을 어찌해야 좋겠습니까?

우리는 국제중학교 설립을 강 건너 불구경하듯 해서는 안 됩니다. 그 까닭을 밝히도록 하겠습니다. 서울에 국제중학교를 세우면 서울에 있는 모든 초등학교가 국제중학교 열병에 걸릴 것입니다. 내신성적과 경시성적 등을 가지고 정원 320명의 5배수를 1차로 뽑겠다고 하니 1600명이 우선 뽑히게 됩니다. 서울의 초등학교가 578개, 학생이 학년당 11만명 정도이므로 학교당 3명, 학생 70명당 한 명이 1차에 붙을 것입니다. 그런데 내신과 경시 위주로 1차를 뽑으니 서울에 있는 모든 학교 학생들은 내신을 잘 받기 위해 그리고 경시를 잘 보기 위해 초등학교 1학년부터 시험, 시험 하며 학원을 다닐 것입니다. 70명 중에서 1등 하는 것이 뭐 그리 어렵겠는가라고 생각하면서 말입니다. 홍역이 아니라, 국제중학교 열병이 서울 시내를 휩쓸게 틀림없습니다.

1차로 뽑힌 1,600명 중에서 640명을 솎아내고 나머지 960명을 남기는 2차 선발은 사교육비를 줄이기 위해 토론을 빼고 면접만 보겠다고 합니다. 사교육의 뇌관인 영어 + 내신 + 경시 + 면접 + 토론 중에서 하나를 뺏기로 사교육비가 줄겠습니까? 그렇지 않을 거라는 것을 누구나 알 수 있습니다. 공정택 교육감과 서울시 교육위원만 모르고 있습니다. 교육평론가 이범 님이 지적한 것처럼, 대학입학을 위한 전형요소들 가운데서도 시간당 사교육비가 가장 높게 드는 것이 면접입니다. 본격적인 면접 지도는 선생 한 명당 학생 한 명(또는 기껏해야 너덧 명)으로 진행할 수밖에 없기 때문이지요. 결국 1, 2단계의 공식적인 전형요소들만 종합해봐도 시교육청이 학원업계에 사교육 종합선물세트를 던져줬음을 알 수 있습니다. 국제중학교설립은 영어 + 내신 + 경시 + 면접 + 운으로 결정되어, 이 정도면 '죽음의 트라이앵글'을 넘어서는 '펜타곤 초딩지옥'이라 할 것입니다.

사실이 이러한데도 공정택 교육감은 왜 그렇게 국제중학교 설립에 안달이 나 있을까요? "교육계에서는 국제중을 밀어붙이는 배경에 대해 지난 7월 교육감선거 당시 수억 원의 선거비용을 빌려준 학원업계의 압력 때문인 것으로 보고 있다"는 〈경향신문〉의 기사 (2008년 11. 2)를 우리는 그냥 지나쳐서는 안 될 것입니다. 그런데 국제중학교를 설립할 때 생기는 가장 큰 문제점은 사교육비의 엄청난 증가가 아닙니다. 그보다는 어린이들이 받게 될 크나큰 상처가 더 큰 문제입니다.

수많은 어린이들이 이갈이도 못 끝낸 나이부터 몇 년 동안 국제중학교 입학에, 그야말로 모든 것을 걸겠지만 거기에는 떨어진 사람과 붙은 사람이 여지없이 생겨납니다. 떨어진 사람의 절망감과 붙은 사람들의 오만을 어떻게 치유할 수 있겠습니까? 게다가 3차는 제비뽑기로 한다고 하니, 3차에서 떨어진 사람들은 자기가 떨어진 사실을 선선히 받아들일 수 없을 것입니다. 그들 마음이, 분노와 절망, 운에 대한 한탄으로 뒤범벅될 것임은 뻔한 일입니다. 이렇게 마음이 뒤범벅이 되고서도 온전히 정신을 추스르기는 쉽지 않다는 것은 누구라도 알 수 있습니다.

더욱 끌탕인 것은 병적 징후가 학교에 떨어진 사람만이 아니라 붙은 사람에게서도 나타날 거라는 것입니다. 인격이 형성되는 데 가장 중요한 시기인 어린 시절이 온통 옆에 있는 동무들 그리고 한 번도 못 본 동무들 사이에 '거꾸러뜨리느냐 거꾸러지느냐'라는 낱 말로 도배질되어 있으니, 그들의 마음은 전쟁을 치른 병사들의 마음에 다름없을 것입니다. 전쟁을 치른 뒤의 병적 징후는 승리한 군대의 병사에게도 어김없이 나타난다는 사실을 우리는 떠올려야 합니다.

전쟁과 입시를 한통속으로 보는 것은 지나친 일임에 틀림없습니다. 하지만 어린애들의 감수성은 어른들의 감수성과는 견줄 수 없다는 것도 집어넣고 생각해야 합니다. 어른들이 보기엔 별 것 아닌 듯해도, 어린애들의 마음을 온통 후벼놓을 수 있는 게 시험이고 경쟁이라는 사실을 잊어서는 안 됩니다. 아니, 어른들에게도 시험과 경쟁은 얼마나 버겁습니까? 초등학교 1학년부터 고등학교 3년까지 1년에 몇 차례씩 12년 동안, 그러니까 직장에서 1년에 몇 번씩 12년 동안 내내 시험에 시달려야 한다고 단 한번 만이라도 생각해보시기 바랍니다. 가슴이 답답해지지 않습니까?

시험이 얼마나 힘든 일인지 서울대 교수를 지내신 장회익 선생의 말씀을 들어보겠습니다.

"아인슈타인 같은 천재도 시험 때문에 힘들어했어요. 아인 슈타인은 대학에서 시험을 딱 두 번 봤어요. 2학년 끝나고 한

번, 졸업시험 한 번. 단 두 번의 시험이 얼마나 싫었는지 그 휴유증 때문에 졸업시험 끝나고 일 년 동안 책을 안 봤다고 고백하고 있어요. 그러면서 (아인슈타인은―저자) '그때보다 시험이 더 많은 요즘 같은 교육제도 아래서 학자가 나오는 걸 이해할 수 없다' 는 말을 해요."

《이분법을 넘어서》, 66쪽

젖을 빨던 이조차도 다 갈아 끼우지 못한 아이들입니다. 대학생이며 천재였던 아인슈타인도 힘들어 했던 시험인데, 젖이나 빨던 이를 가지고 피 튀기는 정글 속으로 들어가 시험을 치라는 어른들은 도대체 누구입니까? 국제중학교 설립은 어떤 전염병보다 더 빠르게 우리의 자식들을 병들게 할 것입니다. 온갖 특권을 누릴 국제중학교가 특수목적고를 거쳐 서울대학교로 진입하는 탄탄대로임을 다른 시·도 학부모들도 알게 될 것이 뻔하기에, 이 열병은 온 나라로 퍼질 것입니다. 국제중이 아직 세워지지 않았는데도 벌써 그런 조짐이 보입니다. 서울시 교육위원회 최홍이 위원님에 따르면, 영등포구에서 벌써 국제중학교를 당산지역에 세워달라고 요청했다 합니다. 국제중학교가 받을 특권이 불 보듯 뻔한데 다른 구 시 도에서는 국제중학교 설립을 원하지 않을까요? 서울 지역에 국제중학교를 설립하는 것은 나라 전체에 '중학교 입학시험' 을 알리는 총소리가 될 것입니다.

'공부를 잘해서 경쟁력 있는 인간이 되자!' 지금 이 시대의 교육과 이른바 어른들이 어린 학생들을 향해 치켜들고 있는 푯대입니다. 이 푯대를 지탱하고 있는 것들은 많습니다. 인간은 욕망적이고 이기적인 존재라는 생각. 욕망을 채우려면 돈과 지위가 있어야 한다는 생각. 돈을 엇비슷하게 가진 사람들 사이에선 돈이 욕망을 채워주지 못하기에, 남들의 돈을 내 쪽으로 옮겨놔야 그 욕망이 채워질 수 있다는 위대한(?) 통찰. 이 통찰을 현실화하기 위해선 제도를 통해 양분을 얻지 않으면 안 된다는 사실. 이런 사실들의 응축인 신자유주의. 그 신자유주의가 이땅을 뒤덮고 있는 현실. 이 현실에 눈을 감고 거기에서 조금이라도 비켜 서있다간, 욕망이 아니라 목숨조차 건사하지 못 할 것 같은 공포.

그렇습니다. '공부를 잘해서 경쟁력 있는 인간이 되자' 라는 푯대를 붙들고 있는 것은 공포입니다. 이 말은, 그 푯대가 못 박고 있는 밑돌이 공포라는 점과 그런 푯대를 붙들고 있는 우리네 삶이 공포 그 자체라는 점에서, 이중적입니다. 이 공포를 한 마디로 끝낼 깜냥이 저에겐 없습니다. 이 공포에 얽혀 있는 수많은 제도와 마음이 바뀌지 않으면 안 되기 때문입니다.

물론 그 공포가 헛 껍데기인 것은 아닙니다. 그렇다고 끝내 변하지 않는 실체도 아닙니다. 헛껍데기와 실체 사이에 공포는 자리하기에, 우리는 그것을 뜯어볼 수 있고 또 그렇게 해야 합니다. 지금 우리가 느끼는 공포는 "사람은 사람에게 서로가 늑대다" 라는 현실에 그 뿌리를 두고 있습니다. 이것은 홉스의 말이 아닙니다. 김훈 님의 말마따나 IMF를 건너면서 깨달은 경험칙입니다. 그런데 제도와

문화가 다르면, 똑같은 것을 겪었음에도 사람들이 겪는 경험은 다르다는 사실입니다. 똑같은 실업자라도 복지사회에서의 실업자와, 한국과 같은 반反복지국가에서의 실업자가 겪는 경험은 다를 수밖에 없습니다.

IMF를 지나오면서 우리가 처절하게 겪어 알게 된 '각자는 각자에게 늑대다' 라는 경험은 어쩌면, 반복지국가에서 사는 국민들만이 느끼는 경험일 수 있습니다. 결코 모든 사람의 경험인 보편적 법칙이 아닐 것입니다. 그러니 짐승들의 것이 다시는 우리 즉 사람들 사이에서 느껴지지 않도록, 우리의 제도와 문화를 바꾸어야 하지 않겠습니까? 이치가 이러한데도 '늑대의 이빨을 날카롭게 하여 목숨을 부지하자' 며 경쟁력 경쟁력만 외치고 있습니다. 심지어는 교육도 종교도, 늑대의 힘을 키우는 데에 그 값이 있다고 말하는 지경까지 이르렀습니다. 공정택 서울시 교육감은 교육자이면서 기독교인이라는 점에서 그 상징입니다.

정말로 종교와 교육의 값이 경쟁력 즉 늑대의 힘을 키우는 데에 있는 걸까요? 목숨을 걸고 금식하며 빈들에서 지낸 예수님께 '세상의 모든 나라와 그 화려함을 소유하라' 는 소리, 다시 말해 세상 사람들 위에 올라타라는 소리가 들렸던 적이 있습니다. 이제 예수님이 40일 동안 금식하면서 했던 공부가 어떤 공부였던지가 밝혀질 차례가 된 것입니다. 그 소리를 누구의 소리로 듣는가에, 그 공부의 모든 것이 걸려 있었기 때문입니다.

하느님의 소리인가? 사탄의 소리인가? 우리는 예수님이 그 소리를 누구의 소리라고 못 박았는지 알고 있습니다. 지금 기독교인들 아니 모든 종교인들에게도 똑 같은 소리가 낱말만을 바꾸어 들려오고 있습니다. '공부를 잘해서 경쟁력 있는 인간이 되거라!' 하늘의 소리인가요? 아니면 악마의 소리인가요?

그러면 '공부를 잘해서 경쟁력 있는 인간이 되자!' 를, 우리 교육은 어떻게 바라봤던가요? 교敎란《대학》에 잘 나와 있듯이 하늘로부터 받은 성품을 잘 따를 때 나타나는 길道을 끊임없이 닦는 행위입니다.(天命之謂性 率性之謂道 修道之謂敎) 그러니 교육이 무엇인지를 알려면 하늘의 덕성을 알아야 합니다. 하늘의 덕성은《주역》건괘乾卦에 잘 나타나 있으니 "크도다 하늘의 으뜸이여, 온갖 것이 이것 즉 하늘에 바탕하여 비롯한다.(大哉乾元 萬物資始乃統天) (하늘이-저자) 훌륭한 사람을 뭇 사람과 온갖 것 앞에 내 놓으니 모든 나라가 다 평안하다(首出庶物 萬國咸寧)"가 그것입니다.

교육이란 하늘의 길을 본받는 것이니, 교육의 뜻은 결코 남보다 앞서는 경쟁력에 있는 것이 아니라, 만물을 낳고 기르고 모든 나라를 평안히 하는 힘을 기르는 데에 있는 것입니다. 그래서 언제나 학생임을 자랑스러워했던 우리 옛 선비들은 온 세상을 평화롭게 하고 고르게 한다는 뜻을 가진 평천하平天下의 꿈을 꾸었던 것이지요.(평천하는 세상을 평정하여 제 손아귀에 넣는다는 뜻이 결코 아니다.)

하늘의 덕을 갖춘 자는 어떤 사람인가가《주역》건괘乾卦 끝에 잘 나와 있으니 그것을 더 보도록 하겠습니다. "큰 사람은 하늘·땅과 더불어 덕을 함께 하고, 해 달과 더불어 밝음을 함께 하고, 사계절과

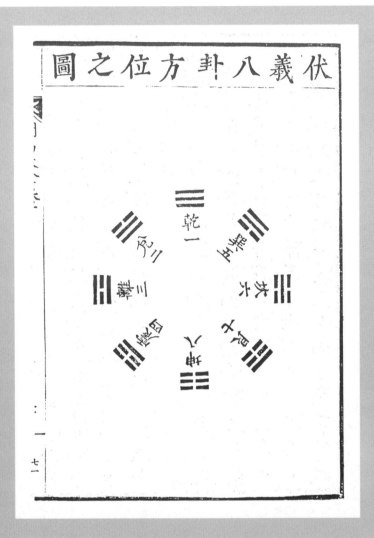

동아시아인의 헤아림이 뭉쳐 이룬 〈주역〉 팔괘

더불어 그 차례를 함께 하며, 조화의 자취(鬼神)와 더불어 그 길흉을 함께 한다. 그래서 (그가-저자) 하늘에 앞서면 하늘이 그를 거스르지 않고, 하늘에 뒤서면 그는 하늘의 때를 본받는다. 그런 사람은 하늘조차도 거스르지 않는데, 하물며 사람이 거스르겠는가? 귀신이 거스르겠는가?"(夫大人者 與天地合其德 與日月合其明 與四時合其序 與鬼神合其吉凶 先天而天弗違 後天而奉天時 天且弗違 而况於人乎 況於鬼神乎)

우리 옛 선비들이 생각한 교육은 이렇게 큰 사람이 되는 것이었습니다. 여기에 경쟁력이 좋니 나쁘니 하는 오종종하고 잔챙이 같은 소리가 끼어들 자리가 어디 있겠습니까? 경쟁을 한다면, 하늘과 할 것이며, 땅과 할 것이며, 해와 달과 할 일이지요.

경쟁을 부추기는 시험은 교육이 아닙니다. 교육은 '지성의 탄생'을 꾀하는 것인데 시험은 그것을 막기 때문입니다. 우리 시대의 선비 김우창 선생의 말을 들어 제 말을 세우겠습니다.

"시험이 문제가 되는 것은, 그것이 여러 가지 개인적 사회적 폐해를 가지고 오기 때문만이 아니다. 더 적극적으로 그것은 궁극적으로 참다운 지적 능력, 삶의 능력의 훈련하는 교육을 밀어내어 버리게 되기 때문에 문제가 되는 것이다."

《이성적 사회를 향하여》, 366쪽

"교육의 실제에 있어서 우리의 교육은 지식 습득에 집중되어 있다. 이것은 각급학교에서 무수히 시행되는 시험제도에서 가장 단적으로 구현되어 있다. 그러나 주목해야 할 것은 이 지식의 습득이 어디까지나 지식의 습득이며, 그것에 연결되어 있는 것으로 생각할 수 있는 지적 훈련이 아니고, 더 나아가서는 지성의 계발이 아니라는 점이다. ……(중략)…… 교육의 목표는 이러한 지식의 습득에만 한정되지 아니한다. 그것보다 중요한 것은 그러한 습득 과정이 제공해주는 지적 훈련이며, 궁극적으로는 지적 능력의 계발, 지성의 탄생이다."

앞의 책, 357쪽

경쟁을 시키는 것이, 다시 말해 시험을 치르고 한 줄로 죽 늘어세우는 것이 인격을 기르지 못하는 것은 물론이려니와 학습능력까지도 키울 수 없다는 말이 맞는다고 생각하기에 최소한 초중학교에서는 등수를 매기는 시험은 보지 않아야 합니다. 시험을 보더라도 그것은 학생의 현재 상태를 살피고 그를 도와주기 위한 수단으로만 쓰여야 합니다. 등수를 매기는 시험이 있는 이상, 학생들 사이가 서로 도와주는 사이가 될 수도 없고 더 나아가 그런 식으로는 지성이 탄생하지 않기 때문입니다.

경쟁 속에서 사적으로 큰 학생들이 나중에 어른이 되어 갑자기 공적인 사람이 된다는 것은 있을 수 없는 일입니다. 핀란드는 시험이라는 게 아예 없는데도 국가경쟁력이 일등인 것을 보면, 시험이 학습능력을 키우는 바른 길이 아님을 알 수 있습니다.

남은 것들

방학은 여름방학과 겨울방학을 길게 두 번 두지 않고 한두 주씩 자주 두는 게 좋다고 봅니다. 주말이 있기는 하지만 다섯 달 동안 쭉 이어지는 수업은 학생도 선생도 지루하게 한다고 보기 때문입니다. 방학이 한 달이나 되면 배웠던 것들을 잊어버릴 뿐 아니라, 생활에 있어서도 새로 틀을 잡아야 하기 때문입니다. 이것은 자기 삶을 조금만 되돌아보아도 모두가 끄덕일 거라 생각합니다.

교과 과정 외에 동아리 활동·놀이·나들이·영화보기를 다루어야겠지만, 이에 대해 낱낱이 밝히는 일은 생략하겠습니다. 다른 책으로 갈무리되어야 할 정도로 생각하고 따져봐야 할 게 많다고 여기기 때문입니다.

발도르프학교에서는 학생들이 매년 선생님으로부터 알맞은 한편의 시나 잠언을 따로 받아, 일년 내내 그것을 가슴에 새기고 삽니다. 그 방법은 한 학급의 학생을 요일별로 나눈 다음, 가령 월요일이면

Zeugnisspruch

von

Annika

Wer staunend steht vor
          den Wundern der Welt,
Wer mutig mühend sich
          regt ohn' Ruh
Wem lichte Liebe das Herz
          erhellt,
Dem fallen am Ende die Früchte
          zu.

지은이가 두번 째 실습을 마쳤을 때, 5학년 내내 외고 되새기는 자기만의 글에 그림을 그리고 자기 사진까지 붙여 지은이에게 선물한 독일 학생의 작품❶

어김없이 월요일에 해당하는 학생 서너 명이 칠판 앞으로 나와, 자기에게 주어졌던 시나 잠언을 읊습니다. 이때 중요한 것은 빨리 외거나 글자 하나 틀리지 않게 외는 데 있지 않고, 말의 결이 얼마나 잘 드러나게 리듬을 살리며 읊는가에 있습니다. 선생님들은 이 과녁을 세워놓고, 학생이 거기에 맞추도록 한발 한발 이끌고 있습니다.

밥을 먹기 전에도 시나 잠언을 한 편 읽으려 합니다. 밥상이 다 차려지면, 둘레둘레 앉아 한 리듬으로 주어진 시를 한 편 읽을 것입니다. 한 주 동안은 끼니마다 다른 시를 읽지만, 한 주가 지나면, 처음으로 돌아가 앞선 주에 읽은 시를 반복할 것입니다. 이렇게 한 계절을 할 것입니다. 새 계절이 되면, 새로운 시와 잠언을 골라 하면 지루하지도 않을 것입니다. 이때 읊을 시나 잠언은, 깊은 뜻을 심지로 삼고 있으면서도 우리말의 결과 리듬을 잘 살린 작품을 골라야겠지요.

일주일 동안 끼니마다 다른 시를 읽고, 새로운 주가 되면 앞 주에 했던 것을 되풀이함으로써, 한 주의 리듬을 느낄 수 있을 것입니다. 그런데 한 달이 지난 뒤 새로운 시를 하지 않고 한 계절이 지난 뒤에 하는 것은, 한 달을 한 묶음으로 하면 같은 시를 서너 번밖에 할 수 없습니다. 이렇게 되면, 그 시나 잠언을 제대로 맛보기 어렵습니다. 반면에 여섯 달이나 한 해를 묶음으로 하면, 너무 오랫동안 같은 시를 읽게 되어, 학생들이 지루해 할 거라는 가늠 때문입니다.

한 해에 한 두 번은 학부형들과 우리 학교를 알고 싶어 하는 분들께, 학교 문을 활짝 열어 제치고 이런저런 행사를 할 것입니다. 이때 반드시 새기고 있어야 할 것은 결코 잘 보이기 위해 억지로 무엇을 꾸민다거나, 학생을 다그치지 않아야 한다는 것입니다. 손님을 맞기 위해, 평상시보다 더 마음을 써야 하는 건 틀림이 없지만, 그것이 지나치면, 겉만 번지르르하게 꾸미고, 헛폼 잡는 것을 아무렇지도 않게 여기는 마음을 가진 학생이 될 거라는 헤아림 때문입니다.

지금도 그러는지 모르겠지만, 제 어린 시절 연구수업 발표가 있으면 몇 날을 두고 예행연습을 했는데, 물을 학생과 그 물음거리까지 선생님들이 미리 지정해주고 심지어는 선생님이 물으면 손을 들 학생과 대답을 할 학생까지 정해놓았던 기억을 저는 이때까지도 잊지 않고 있습니다. 여기에 교육이 설 자리는 송곳 하나 꽂을 땅도 없고, 오히려 그런 짓은 학생을 타락시키고 병들게 한다는 데에 우리는 고개를 끄덕이지 않을 수 없습니다.

손님을 맞기 위해 마음을 써야겠지만, 밖엣 분들께 평상시 학교생활을 보여줄 뿐이라는 금(선)을 어떠한 경우에도 넘지 않아야 합니다. 그러므로 학교 문을 활짝 여는 날은, 단지 몇 달 동안에 걸쳐 키운 것들을 갈무리하는 날이 될 것입니다.

본보기를 들어보겠습니다. 연극을 선보이는 경우, 발표하기 이틀 전까지 학생들은 고정된 역이 없이 번갈아가며 이역 저역 맡아하다가, 이틀 전에야 학생들의 의견과 바람을 들어 역을 정합니다. 그리고 맡은 역에 따라 다음날 한 번 해보고, 다 다음 날 밖엣 분들께 그것을 선보입니다.

이렇게 하면, 대사를 외우는 것 등이 매끄럽지 않을 게 틀림없습니다. 그렇지만 학교에서 연극을 하는 것은 직업 연극인을 기른다

Name: Sara K.   14.04.05

„Eichkätzchen, du kletterst so kühn im
Geäst und bautest so kunstvoll
dein Kugelnest; wer hat dir das
Klettern und Bau'n beigebracht?"
„Ich lernt' es von selber, ich konnt's
über Nacht."

„Du tüchtiger Biber, du fällst fleißig
Stämme, baust rastlos aus Reisig dir
Burgen und Dämme. Wie hast du's
im Bauen zum Meister gebracht?"
„Ich konnt' es von selber, ich lernt's
über Nacht."

„Du Mensch, mit den Händen so
vielseitig fähig, wie hast du so
vieles zu lernen geschafft?"
„Ich mühte mich eifrig, ich eile beständig;
so wurd' ich geschickter, so wuchs
Mut und Kraft!"

발도르프학교에서는 모든 학생이 학년 초에 선생님으로부터 자기만의 시 또는 잠언을 받아 그것을 일년 동안 되새긴다. 이 시를 초이크니스 슈프루흐Zengnisspruch라 하는데 '학년 마침 인정시' 정도의 뜻이다. 5학년 학생이 지은이에게 선물한 작품❷

거나 밖엣 분들 눈요기를 위해 하는 게 아닙니다. 교육의 한 방법으로 이루어지는 것이기 때문에, 대사를 얼마나 매끄럽게 잘 외느냐는 그리 큰 값을 갖지 않습니다. 직업극단이 아닌, 교육에서 연극이 이루어져야 한다면, 그것은 자기 아닌 다른 인물들을 몸으로 느껴 보아 치우치지 않는 마음을 기르는 게 그 첫머리에 올 것이고, 말의 결과 리듬을 느껴 보는 게 다음에 올 것입니다.

이런 목표에 가 닿기 위해서는 여러 편의 연극을 해보는 것도 좋겠지만, 그보다는 한편의 연극을 여러 쪽에서 살펴보도록 하는 것이 낫다고 생각합니다. 더구나 비중 있는 역을 맡은 학생이 갖게 될 우쭐함과 그렇지 않은 역을 맡은 학생이 갖게 될 들러리 느낌까지 셈해 본다면, 하나의 역을 정해서 그것만 줄기장창 하는 것은 '교육이란 어때해야 하는지'를 꼼꼼히 헤아린 방식이 아니라는 데에 맞장구를 칠 것입니다. 물론 고학년으로 올라갈수록 점점 더 전문적으로 배역을 맡아야겠지요. 이제 끝마무리를 할 때가 된 듯합니다.

지금 이땅에서 시급히 이루어져야 하는 것은 사람이 살만한 문화이고, 그것을 이루기 위해 어떤 교육이 이루어져야 하며, 그렇게 큰 사람들이 어떤 얼굴을 하고 있어야 할 것인가를 두고 저는 참으로 많은 쪽수를 채웠습니다. 제대로 길을 찾았는지 사뭇 떨리지 않을 수 없습니다. 오랜 가뭄에도 마르지 않을 샘을 파려는 사람이 어찌 떨리지 않고 두려워하지 않을 수 있겠습니까? 하지만 두려움에도 불구하고 길은 가야 하는 법. 저희들이 가는 길에 많은 분들의 마음과 몸이 함께하길 바랍니다.

'단군신화로 본 한국 역사'

독일 만하임에 있는 발도르프사범대학 모습. 발도르프 건물은 금방 눈에 띌 정도로 독특한데, 이 건물은 그리 낯설지 않다

* 이 글은 2006년 7월 독일 만하임에 있는 자유 발도르프사범대학 강당에서 졸업식 행사 때 발표한 글을 우리말로 옮긴 것입니다.

'단군신화로 본 한국 역사'

오늘 저는 여러분께 한국의 신화를 통해 한국의 역사를 이야기하고
자 합니다.

하느님의 아들이, 하늘에서 이리저리 땅을 내려다보다가, 한
곳을 뚫어지게 쳐다보았습니다. 한참이 지나서야 눈길을 거
둔 그는 그 길로 곧장 아버지인 하느님께 가 말씀드렸습니다.
"아버지! 땅에서 살도록 허락해 주십시오."
그러자 아버지인 하느님께서 그에게 되물으셨습니다.
"왜 그런 생각을 하게 되었는고?"
"그처럼 아름다운 곳은 하늘, 땅 어디에도 없습니다. 사람을
거룩하게 하는 기운이 그곳에는 있으니, 저는 그 사람들을 다
듬고 싶습니다."
대답을 들은 하느님은 아들을 물끄러미 쳐다보고는 말씀하

셨습니다.

"네가 바란다면, 그곳으로 가거라."

그리고 하느님은 바람 신 · 비 신 · 구름 신을 불러 당신의 아들을 모시게 하셨습니다.

어느 날 호랑이 한 마리와 곰 한 마리가 하느님의 아들에게 와 자신의 바람을 말했습니다.

"사람이 되고 싶습니다."

이에 하느님의 아들이 두 짐승에게 말했습니다.

"내 말을 따른다면, 짐승이 사람이 될 것이니라."

"당신의 말씀을 기쁘게 따르겠나이다."

"100일 동안 햇빛이 비치지 않는 곳에 머물되, 마늘과 쑥만 먹으며 지내야 하느니라, 그러면 너희 두 짐승은 사람이 될 것이니라."

하느님의 아들이 그렇게 일러주었습니다.

"당신의 말씀을 잘 받들겠나이다."

그런데 호랑이는 그 말씀을 따르지 않고, 곰만 그 말씀을 따랐습니다. 삼칠일이 되는 날, 제 몸뚱이가 여자로 바뀌었음을 느낀 그 곰은 자신의 바람이 이루어졌다고 믿게 되었지요.

이제 여자가 된 곰은 또 하나의 바람을 갖게 됩니다. 제 아이를 갖고 싶은 마음이 그것이지요. 여자는 거룩한 나무 밑으로 가, 그녀에게 '한 아이'를 맡겨 주십사고 하느님께 빌었습니다. 그러자, 그 여자의 삶을 하나도 빼놓지 않고 지켜보던

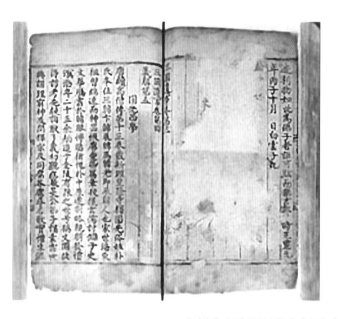

우리의 온 시간을 갈무리해놓은 《삼국유사》

하느님의 아들이 그녀에게 다가와 말씀하셨습니다.

"나중에야 너는 알게 될 것이다. 오늘 내가 너에게 하지 못한 말을.(단군신화에는 없는 내용이다.) 그렇지만 그대는 삼칠일 동안 내 말을 잘 따랐으니, 내 그대와 짝을 맺고 싶소."

기쁨에 겨워 얼른 인연을 받아들인 나머지, 그 여인은 하느님의 아들이 그 날 말해줄 수 없다는 말이 무엇인지 되돌아볼 겨를이 없었습니다.

열 달이 지나고 '한 아이'가 이 세상에 나왔습니다. 이 아이가 바로 모든 한국인의 할아버지인 단군입니다. 그는 한국의 첫 국가인 조선을 세웠습니다.

지금까지 제가 여러분께 말씀드린 내용은 간추린 한국의 시조 신화입니다. 하느님의 아들에게서 나온 자손들은 4300여 년 동안 이 땅에 살면서 인문적 문화를 꽃피웠습니다. 하지만 저는 오늘 한국의 맨 마지막 왕조인 조선과, 지금의 한국이 어떤 문화적 매무새를 하고 있는지만 간략하게 말씀드리고자 합니다. 저에게 주어진 시간이 너무 짧기 때문입니다.

조선은 1392년에 세워졌습니다. '조선'이라는 말은 '싱싱한 아침' '신선한 아침'을 뜻합니다. 지금의 서울은 조선의 수도였습니다. 만약 여러분이 서울에 있는 어느 산에 올라가 온 서울을 바라보신다면, 조선을 세우셨던 분들이 얼마나 미적이고 실용적이고 이성적이었는지를 틀림없이 느낄 것입니다. 물론 산업화로 말미암아 많은 것들이 바뀌었지만, 그래도 그분들의 정신을 느낄 수는 있습니다.

산 위에서 서울을 보셨으면, 이제 경복궁으로 걸음을 옮기시기 바랍니다. 왕궁을 살펴보신 뒤, 여러분은 분명 '이렇게 좁은 왕궁 터에서, 더구나 이렇게 낮은 담장을 두르고서 독일의 3분의 2나 되는 큰 나라를, 그것도 500년 동안 다스렸다는 게 정말인가?' 하고 물을 것입니다. 그런 의문이 드는 건 마땅합니다. 궁전의 담장은 겨우 2미터 남짓이고, 다른 나라의 왕궁과 견주어봤을 때 조선의 왕궁이 비좁은 게 사실이기 때문입니다.

하지만 우리는 다르게 물어야 합니다. '왜 조선의 왕들은 이토록 비좁은 왕궁에서 살기를 바랐는가?' 그리고 또 물어야 합니다. '어떻게 저 낮은 담벼락을 두르고서도, 조선의 왕들은 두려움을 느끼지 않을 수 있었단 말인가?'

모든 궁전의 담벼락은 나라 바깥 적을 막기 위해서 세운 게 아니라, 제 나라의 민중으로부터 왕과 그 측근을 지키기 위해 세워졌습니다. 그렇지만 조선의 왕들은, 민중들을 왕궁으로부터 멀리 떨어뜨림으로써 제 몸을 지키려 하지 않았습니다. 대신에 민중의 마음을 얻어서 자신과 나라를 지키려 하였습니다. 그래서 그분들은 궁전 담벼락을 높이 세우지 않았던 것입니다.

무력이 외적의 침입을 몰아내는 데 큰 구실을 하는 건 사실입니다. 그렇긴 하지만 모든 무력은 흉측하고 모든 무기는 흉물스럽다는 것도 부정할 수 없는 사실입니다. 그것을 조선인은 잘 알고 있었습니다. 다시 말해 적을 물리친 무력이라 하더라도 그것은 역사의 비극을 나타낸 것일 뿐, 그 무력에서 영예로움을 느낄 건 아무것도 없다는 사실을 그분들은 잘 알고 있었던 것입니다.

그렇기에 그분들은, 조금 과장해서 말하면 왕궁 안에 무기 하나 전시하지 않았습니다. 대신 그분들은 긴 판자에 글귀를 적어 걸었습니다. 이를 테면 "정치 즉 바른 것에 힘을 쏟는 문" "어진 사람을 생각하는 문"과 같은 글귀가 바로 그것입니다.

조선 사람들이 무력을 얼마나 멀리하려 했는지를 알게 하는 대목이 있는데, 지난 1000년 동안 한국이 외국을 침략한 적이 단 한 번도 없다는 게 그것입니다. 한국을 빼고 그런 나라가 세계에 또 어디에 있을까요?

한국인의 전쟁반대 사상을 이제, 이땅의 마지막 왕조인 조선이 어떻게 탄생했던가를 통해 여러분께 밝히려 합니다. 한국인이 전쟁을 얼마나 싫어했던가를 여러분이 이해하는 데에 큰 도움을 주겠기 때문입니다.

몽고 제국이 힘이 빠지고 중국 땅에 새로운 나라가 들어서던 무렵, 고려의 왕과 당대 최고위 장군이었던 최영 님은 침략전쟁을 통해 땅을 넓히고 권력을 키우려 했습니다. 많은 고려 사람들이 침략전쟁을 달갑게 여기지 않았지만, 왕과 최고위 장군의 뜻을 꺾을 수는 없었습니다. 그래서 고려 군대는 중국을 향해 떠났고, 중국 명나라의 국경까지 이르렀습니다. 그런데 나라의 명령으로 군대를 이끌고 명나라를 침략하러 갔던 장군 이성계 님은 그 국경을 넘지 않고, 그곳에서 사흘을 머물렀습니다. 거기서 사흘을 머문 것은 비가 내린 까닭도 있겠지만, 그것만이 그분을 머물게 했던 까닭은 아닐 것입니다. 사흘 동안의 깊고도 긴긴 헤아림 끝에, 그 장군은 선포했습니다.

'전쟁반대.'

(이성계의 말엔 사대주의만 있을 뿐, 평화의식은 없다고 어깃장을 놓을 사람도 있을 것이다. 과연 이성계는 성리학에 찌들대로 찌든 사대주의자였던가? 작은 나라가 큰 나라를 쳐서는 안 된다는 것은, 군사전략을 들먹이지 않더라도 누구라도 받아들일 수밖에 없는 소리다. 침략하는 나라가 침략당하는 나라보다 세배 이상의 무력을 가졌을 때에야 비로소 이길 수 있다고 군사 전략가들은 말하는데, 하물며 그런 준비 없이 작은 나라가 큰 나라를 침략할 수 있겠는가? 그러니 그의 말은 사대주의에서 나온 것이 아니라, 극히 상식적인 차원에서 나온 소리였을 따름이다. 더구나 명나라가 1368년에 세워지고 위화도 회군이 1388년에 있었으니, 채 20년밖에 안 되는 그 짧은 시간에 이성계가 명나라 숭배주의자가 되었다는 것은 가당치도 않은 말이다. 숭배하고 자시고 할 시간이 없지 않은가? 이성계가 성리학에 찌들어서 그랬을 수 있다는 주장도 말이 안 되기는 마찬가지다. 조선의 궁터를 무학대사가 잡았을 뿐 아니라, 이성계 역시 불교신자임을 굳이 감추지 않았다. 다시 말해 이성계는 성리학과 불교를 다 받아들였던 것이다. 불교에 대한 조선의 이러한 태도는 오르락내리락 하기는 했어도, 세조 때까지는 바뀌지 않았다. '성리학만 숭배하는 조선'은 아무리 넉넉히 잡는다 해도 성종을 거슬러 올라갈 수는 없다. 이런 생각을 받아들일 때만, 한글 창제, 천자만이 할 수 있는 것으로 여겨졌던 아악雅樂의 정리, 명나라의 허락이 아니라 천명을 받아 조선이 세워졌음을 알리는 용비어천가, 그리고 숱한 불교경전이 한글로 옮겨진 역사적 사실을 이해할 수 있다.)

그리고 그와 그 군대는 고려의 서울 즉 개성을 향해 말머리를 돌렸습니다. 전쟁반대를 외치고 돌아섰던 그분과 그의 군대는 당시 거의 아무런 저항도 받지 않은 채, 왕궁에 들어올 수 있었습니다. 그럴 수 있었던 것은 전쟁반대를 외친 그 장군의 명성이 높았던 데도 그 까닭이 있었지만, 그보다는 고려인이 침략전쟁을 달갑게 여기지 않은 것에 더 큰 까닭이 있었습니다.(조선 건국을 쿠데타에 의한 것으로 보는 주장에 대해 글쓴이는 생각을 함께하지 않는다. 권력을 바꾸는 방법이 법적으로 못 박아져 있는 현대의 잣대를, '왕조를 바꾸는 실질적인 절차가 없었던 옛날'에 들이대는 것은 역사를 바라보는 바른 눈이라 할 수 없기 때문이다. 옛날에 왕조교체를 위해 누가 일어섰을 때, 그것에 대해 반란이냐 혁명이냐를 가름하는 잣대는 민심을 얻었느냐의 여부일 뿐이다. 이것이 바로 맹자의 역성혁명론이다. 고려에서 조선으로의 넘어감은, 무혈혁명이라 해도 좋을 만큼 그 어떤 왕조교체보다 조용하게 이루어졌다. 이는 명백한 사실이다. 백성의 마음이 왕조교체에 없었다면, 있을 수 없는 일이다. 만일 오늘을 사는 우리가 과거를 판때리는 데 더 댈 수 있는 잣대가 있다면, 그것은 역사의 방향 즉 민중들의 삶이 어떻게 되었는가일 것이다. 위화도 회군과 조선의 건국이 없었다 하더라도, 대토지소유제인 고려의 장원제가 무너질 수 있었을까? 장원제를 무너뜨린 것은 역사의 성큼 나아감이라 아니할 수 없다.) 이 사건을 계기로 고려가 무너지고, 한국의 마지막 왕조인 조선이 들어섰던 것입니다.

조선인들이, 무력은 역사의 비극적 산물일 뿐이라고 믿었던 증거는 또 있습니다. 1592년 일본 군대가 이땅을 침략했는데, 그때까지 조선은 침략 대비를 전혀 하지 않았던지라 일본 군대는 뭍으로 올라온 지 고작 20일 만에 조선 왕궁을 손에 넣을 수 있었습니다. 바다에서 왕궁까지는 600킬로미터가 넘는데도, 그 짧은 시간에 왕궁마저 적의 손에 떨어질 만큼 조선은 무력을 돌보지 않았던 것입니다. 하지만 왕궁이 무너진 것은, 전쟁의 시작에 지나지 않았습니다. 농민과 유학자(지식인)들이 의병, 다시 말해 민병대를 결성해 일본 군대와 싸웠기 때문입니다. 한국인은 제 나라를 무척 사랑했기에 외적이 침입했을 때마다 민병대를 꾸려 그들과 맞서 싸웠는데, 이것은 다른 민족들에게서는 그리 일반적인 것은 아니라고 저는 알고 있습니다.

조선이 일본에게 침탈당했을 때, 조선의 버팀대로 민병대 말고도 아주 빼어난 제독이 조선에는 있었습니다. 바로 이순신 장군입니다. 하늘의 도우심이 아닐 수 없습니다. 그분 휘하에는 거북선이라는 매우 뛰어난 배가 있었는데, 그 배를 만드는 데에 이순신 장군께서는 줏대 구실을 하셨습니다. 그분이 이끈 조선 군대는 거북선을 써서 일본 군대를 세 번이나 크게 무찔러 일본의 보급로를 끊어버렸습니다. 전투에서 세 번이나 크게 진 일본 군대는 제 나라로 쫓겨 가지 않을 수 없었고, 이 전쟁의 패배로 인해 일본에서는 전쟁을 도발했던 막부가 무너지고, 새로운 막부가 그 자리에 들어서게 되었습니다.

한편 조선은 일본과의 전쟁에서 승리했지만, 승리를 기념하는 개선문 하나 세우지 않았습니다. 뿐만 아니라 거북선을 바다에 처박은 뒤, 조선인은 거북선 만드는 방법마저도 바다 속으로 쳐 넣었습

니다. 그리고는 그토록 뛰어난 거북선도 그것을 만드는 방법도 후
손들에게 전해주지 않았습니다.(거북선이 언제 어떻게 없어졌는지 그리고
거북선을 어떻게 만드는지를 정확히 아는 사람은 아직까지 없다. 위의 말은 이 점
을 문학적으로 표현한 것이다.)

이것은 조선인이 기록을 잘 남기지 않았던 민족이어서가 아닙니
다. 무기란 그것이 아무리 뛰어나다 할지라도 역사의 비극적인 산
물일 뿐이라는 사실을 똑똑히 알고 있었기 때문입니다. 조선이 얼
마나 뛰어난 기록문화를 가지고 있었는지는 나중에 밝히도록 하겠
습니다.

전쟁에 이겼다고 개선문을 세우는 민족은 야만인보다 더 못한 민
족이라고 저는 생각합니다. 유명한 인류학자 프레이저Frazer에 따르
면, 야만인들은 전쟁에 이긴 뒤 개선문 같은 기념물을 세우지 않고,
오히려 전쟁에서 승리하고 돌아온 병사들을 여러 날 동안 동굴에서
지내도록 했다고 합니다. 그런 행위를 통해 전쟁을 치른 더러움을
씻으려 했다는 것이지요. 독일의 시인 브레히트Bertolt Brecht는 〈뒷
날을 사는 사람들에게〉라는 시에서 "불의에 대한 외침도 그 목소리
를 거칠게 하나니"라고 하였습니다. 불의에 대한 외침도 이러하거
늘, 하물며 다른 나라와의 전쟁에서 이겼기로서니 영예로움이 자리
잡을 곳이 도대체 어디에 있겠습니까?

승리의 개선문을 세우는 민족은 야만인보다 못하다고 앞서 말했
는데, 이른바 야만인이라 불리는 사람들은 전쟁이 끝난 뒤 이긴 자
가 진 자를 위해 제사를 지내줬다는 사실을 안다면, 제 소리를 마냥

흰소리라고만은 여기지 않을 것입니다. 제 말을 세우기 위해 프레이저의《황금가지》를 인용하도록 하겠습니다.

> "〈승리자들은〉 춤을 추고 노래를 부르면서 전쟁에서 목이 떨어진 적군에게 다음과 같이 말하며 용서를 빌었다. 당신들의 머리를 우리가 이곳으로 가져왔다고 하여, 노여움을 품지 않으시길 비나이다. 행운이 우리를 굽어보지 않았던들, 우리의 머리가 그대들의 마을에 매달렸을 게 틀림없을 것입니다. 당신들을 위로하기 위한 제사상을 차렸나이다. 어찌하여 그대와 우리가 적으로 만났단 말입니까? 벗으로 지낼 순 없었던 것일까요?"

이것이 바로 인문적 몸짓입니다.

악마 같은 인간은 죽여야 한다고 말하는 이른바 독실한 기독교 대통령이 있는데, 저는 그 말에 결코 맞장구칠 수 없습니다. 예수님도 그의 등을 밀어주지 않을 게 틀림없습니다. '악마 같은 사람을 죽이라' 고 예수님이 말씀하신 적이 없기 때문이지요. 불교가 우리에게 전해준 설화 가운데 이상적인 보살이 나오는 이야기가 있습니다. 그 이야기에 따르면, 관음보살이 일부러 극락에 들지 않으려 했다고 합니다. 그 까닭은 지옥에서 뻗쳐 나오는 신음소리를 들었기 때문이지요. 애간장 녹이는 소리를 들은 그는 마음먹었습니다. "지옥에 있는 모든 중생이 깨달음에 이를 때까지 지옥에 머물겠다." 이

것이 참다운 이웃사랑입니다.

그렇다면 전쟁을 벌여서 제 나라를 넓히는 것을 대수롭게 여기지 않았던 우리 한국인은, 도대체 무엇을 가슴에 품고 살았을까요? 우리는 인간적이고 인문적인 나라를 이땅에 세우는 데 온 마음을 기울였습니다. 인간적이고 인문적인 게 무엇입니까? 태극 즉 로고스 Logos나 말씀(글)을 존중하는 것이 인문으로 가는 길이 아니겠습니까? 이 문제에 관해서라면 조선은 할 말이 많습니다.

조선은 대부분의 벼슬아치들을 세 종류의 시험을 통해 뽑았습니다. 그 중 가장 중요한 관문은 시를 짓는 시험이었습니다. 그래서 조선의 모든 벼슬아치들 즉 공무원들은 너나 할 것 없이 모두가 시인이었습니다. 모든 공무원이 시인인 나라를 여러분은 생각할 수 있습니까?

또 조선의 왕은 매일 경전에 관한 강의를 들어야 했을 정도로, 조선인은 성인의 말씀과 글을 높이 받들었습니다. 수업시간에 꾸벅꾸벅 조는 왕이 있으면, 사관이 그 사실을 왕조실록에 기록해 비판했고, 수업을 빼먹으려는 왕에겐 고위 신하들이 아주 매섭게 따져들었습니다. 그뿐 아니라 그 왕이 죽으면 수업을 팽개친 과거를 들어, 그 왕을 좋지 못한 자질의 소유자로 공식 평가하고 그것을 기록으로까지 남겼습니다. 그러니 왕들이 성인의 말씀을 팽개치기란 참으로 어려웠지요.

한국인이 얼마나 말씀과 글을 높였는지 또 한 가지 예를 들어보겠습니다. 여러분 중에는 아마도 구텐베르크가 세상에서 맨 처음

활자 즉 짜 맞추는 글자를 만들었다고 알고 있는 분이 있을 것입니다. 미안하지만 그것은 사실이 아닙니다. 구텐베르크가 짜 맞추는 글자를 발명한 것은 1440년이지만, 고려 정부는 이미 1377년에 짜 맞추는 글자로 책을 찍어 내놓았기 때문입니다. 파리국립도서관에서 여러분은 그 책을 만날 수 있습니다.

위에서 한 제 말을 탐탁지 않게 여기며 '한국인이 그토록 인문적이었다면, 어떻게 그들이 절대군주국가 속에서 살 수 있었겠는가?'하고 따질 분이 있으리라 생각합니다. 헤겔과 마르크스도 그렇게 말했습니다. 제가 대학을 다니던 시절 숱한 진리를 마르크스로부터 배웠지만 이 점에 대해선 그의 말에 맞장구 칠 수 없습니다. 그들이 동아시아에 대해 어찌 그리 잘 알게 되었는지는 모르지만, 이 자리에서 조선의 정치적 얼개를 한 자락 보일 테니, 이를 통해 여러분 스스로 위 물음에 대해 판때림(판단)을 해주시기 바랍니다. 조선의 왕이 얼마나 많은 제약 속에서 살았는가를 밝히도록 하겠습니다.

우선 조선의 왕은 누가 되었건 한 사람과 단독으로 만날 수 없었습니다. 왕이 어떤 사람을 만날 때는 반드시 사관이 거기에 함께 있으면서, 그 자리에서 오고간 말을 그 사관이 죄다 적었습니다. 또 왕이 죽으면, 신하들은 죽은 왕을 평가할 위원회를 꾸려 왕의 일거수일투족을 기록한 자료를 요약해 실록으로 펴냈습니다. 그리고 그들은 그 책이 불타거나 전쟁으로 사라져버릴 것을 염려해, 같은 책을 다섯 곳에 보관했습니다. 지금은 두 곳에 있던 책들은 사라져버리고, 세 곳에 보관했던 것만이 남아 있는데, 유네스코의 세계문화유

산에 등록되어 있습니다.

다음은 공식적인 호칭 즉 시호諡號에 관한 것입니다. 한 사람이 왕위에 오르면, 그는 공식적인 호칭을 죽고나서야 받습니다. 그런데 왕의 호칭은 아무렇게나 주었던 것이 아닙니다. 왕의 일거수일투족을 적은 기록을 바탕으로, 신하 즉 고위공무원들이 그 임금의 삶과 업적을 평가하고 그 평가에 따라 죽은 왕에게 공식호칭을 부여했던 것입니다. 그래서 자신의 모든 말과 삶이 적힌 그 기록을 두려워하지 않을 왕은 없었습니다. 왕들은 자신에 관한 기록을 읽어보고 싶기도 했겠지만, 그것은 '절대 해서는 안 되는 일' 이었습니다.

그러한 법을 깔아뭉개고 자신에 관한 기록을 읽었던 왕이 있었습니다. 그것이 한 가지 빌미가 되어 그는 지배자의 자리에서 쫓겨났습니다. 뿐만 아니라 신하들은 그에게 왕의 호칭도 주지 않고, 그저 왕자를 뜻하는 '군', '연산군' 으로 그를 불렀습니다. 이야말로 무섭고도 엄중한 역사의 심판이라고 할 것입니다. 많은 한국인들은 하느님의 심판이 아니라, 역사의 심판을 말합니다. 이 말만 가지고도 한국인이 얼마나 인문적 전통 속에서 살아왔는지가 너끈히 드러난다고 저는 생각합니다.

임금이 제멋대로 행동할 수 없도록 구실했던 것이 또 하나 있습니다. 조선에는 특별한 공공기관 즉 사간원이라는 기구가 있었는데, 이 기관은 꽤 젊은 사람들로 이루어졌습니다. 그런데 그들이 해야 할 일은 오로지 임금의 잘못을 들추어내는 것이었습니다. 만약 임금이 잘못을 저지르면 그들은 바로 그것을 꼬집어내 말해야 했고 그렇지 않기라도 하는 날엔, 백성들이 그 신하들을 아첨꾼이라고 욕했습니다. 하지만 그 공무원이 사소한 잘못을 저지르는 경우엔 대체로 그냥 넘어갔는데, 그것은 그들이 임금의 권세에 눌리지 않고 임금의 잘못을 잘 들추어내라는 뜻에서였습니다.

또한 그 직위의 신하 즉 사간원이 다른 벼슬자리로 갈 때는, 자기와 생각을 함께하는 사람을 후임으로 뽑아놓고 떠날 수 있도록 법으로 정해놓고 있었습니다. 이러니 왕의 비위에 거슬리는 사간원이 있어도, 왕이 그를 어찌해볼 도리가 없었던 것입니다. 그래서 조선의 사간원들은 왕의 잘못을 아무런 거리낌도 없이 들추어낼 수 있었던 것입니다.

과연 조선이 절대적인 군주 국가였는지 잘 가릴 수 있도록 여러분께 또 한 가지 예를 들도록 하겠습니다. 어떤 권력에 있어서든지, 권력의 알맹이는 공무원 임명권입니다. 그런데 앞에서 밝혔듯이, 조선의 벼슬아치들은 대부분 시험으로 뽑혔다는 사실입니다. 벼슬아치들 즉 공무원들 대부분을 시험으로 뽑았으니, 공무원 임명권 중에서 남는 것은 어떤 사람을 어느 자리에 앉히느냐 하는 문제뿐입니다. 하지만 여기에도 조선의 임금은 거의 손을 뻗칠 수가 없었습니다. 어떤 자리가 비면 그 자리에 맞는 사람을 추천할 권리를 갖는 신하들이 토의해서 후보자 두세 명을 임금에게 추천합니다. 그러면 임금은 일반적으로 첫 번째로 추천된 사람을 그 빈자리에 임명해야 했습니다. 만일 두 번째로 추천된 사람을 그 자리에 앉히고 싶다면, 임금은 그 까닭을 하나하나 들어서 세 정승을 설득하고 그들에게서 동의를 얻어내야 했습니다.

지금껏 제가 여러분께 말씀드린 것들은 어느 한 임금 때만 지켜진 게 아니고, 조선 500년 내내 지켜졌던 국가경영원리였습니다. 과연 이러한 조선을 절대군주국가라 부를 수 있을까요?

그러면 조선은 모든 면에서 바람직했는가? 그렇지 않습니다. 조선의 바람직함을 다 덮어버릴 정도로 나쁜 신분제가 있었습니다. 조선에는 다섯 계급이 있었습니다. 맨 꼭대기에는 성인의 글을 안다고 하여 관료와 양반을 놓았고, 그 밑엔 생명을 기른다고 하여 농민을 두었고, 그 밑엔 쓸모 있는 물건을 만들어낸다고 하여 수공업자를 두었고, 네 번째 자리엔 아무것도 만들지 않으면서도 이익을 가진다고 하여 상인을 두었으며, 맨 밑에는 전쟁포로였던 조상을 둔 사람이나 돼지, 소를 잡는 백정 등을 두었습니다. 이렇게 말하고 보니, 말은 번지르르하지만 신분제가 매우 나쁜 제도라는 대목은 그래도 바뀔 수 없습니다. 불평등은 어쨌든 정의가 아니기 때문입니다. 몇몇 선비들께서 그 나쁜 신분제를 비판해 조금 나아지기는 했지만, 신분제는 쉽사리 흔들리지 않았습니다.

조선 막바지에 선한 사람이 조선에 나타났는데, 최제우라고 합니다. 그분을 이어 선한 사람이 또 조선에 나타났으니, 최시형이라고 합니다.

어느 날 며느리가 물레를 잣고 있었습니다. 선한 사람이 그녀에게 오더니 그녀에게 무릎을 꿇고 절을 했습니다. 그러자 곁에 머물러 있던 사람들이 그분을 말리며 말했습니다.

"안 됩니다. 이러시면 안 됩니다." 곁에 머문 그들을 쳐다보며 그분은 말씀하셨습니다.

"이 여인의 가슴속에 하느님이 있습니다. 그러니 이 여인이 하느님 아닌가요? 하느님 앞에 무릎 꿇는데, 안 된다는 게 가당키나 한 말입니까?" 그리고 그분은 또렷이 말씀하셨습니다. "사람이 곧 하늘이다. 그러니 사람 섬기기를 하늘 섬기 듯 하여라." 많은 사람들이 그의 말씀을 믿고 따랐습니다. 그리고는 회천懷天, 즉 하늘을 품고 살았지요.

한국에서 참된 종교는 이렇게 싹을 틔웠습니다. 그 싹이 크게 자라 커다란 종교공동체를 이루자, 그 속에서 하늘을 품게 된 분들이 조선의 폐해인 신분제를 없애려 횃불을 높이 들었습니다. 하늘은 불평등한 법이 없으니 하늘을 모신 분들이라면 마땅히 그리해야겠지요. 신도가 아닌 사람들도 그들과 뜻을 같이 했기에 그분들의 외침은 마른 들판에 불길이 번지 듯 퍼져나갔고, 마침내 그들은 꽤 넓은 지역을 그들의 가슴에 품을 수 있었습니다. 이미 밑동까지 썩은 조선의 통치자들과 그들이 가진 무력으로는, 그 의로운 분들의 발목을 붙들어 맬 수 없었습니다. 그래서 조선 정부는 그분들과 협정을 맺고 그분들이 몇 몇 고을을 그분들의 이념에 따라 다스려도 된다는 데 도장을 찍지 않을 수 없었습니다.

프랑스혁명이 시작되었을 때, 그 둘레에 있던 나라의 임금들이 자기가 지배하는 나라로까지 그 혁명 이념이 퍼질 것을 두려워해 프랑스로 군대를 몰았던 것처럼, 일본과 중국 군대가 한국으로 밀려들어 왔습니다.

복되도다! 외국 군대를 물리치고 혁명을 지켰던 프랑스인들이여. 슬프도다! 외국 군대를 물리치지 못해 혁명이 두 동강 난 조선인들이여.

조선 혁명을 떡통 땄던 일본과 청나라의 군대는 그네들 나라로 돌아가지 않고, 피로 물든 조선에 남아 이제는 그네들끼리 한국을 지배할 자를 가리는 전쟁을 펼쳤습니다. 이 전쟁에서 일본은 청나라 군대를 이기고, 10년 후에는 역시 조선 땅에서 러시아와 전쟁을 벌였습니다. 이 전쟁에서도 일본은 러시아를 이겨 조선을 떡 주무르듯 하더니, 그 6년 뒤인 1910년에 그들은 조선이란 나라를 지도에서 지워버렸습니다. 1945년까지 그런 상태는 지속되었지요.

나라를 빼앗긴 조선인은 충격에 휩싸이지 않을 수 없었습니다. 나라를 빼앗기고도 망연자실하지 않을 민족은 없을 테지만, 조선 사람에겐 그 정도가 더 심할 수밖에 없는 역사적인 사실이 있습니다. 그도 그럴 것이 4200년 동안 조선이 통째로 다른 민족의 발굽 아래 놓였던 적이 단 한 번도 없었기 때문입니다. 무시무시하게 강했던 몽고군이 40년 동안 여섯 번이나 고려를 침략했지만, 그들조차도 고려를 완전히 점령하지는 못했던 것입니다. 그런데 조선인이 더욱 놀랐던 것은, 다름 아닌 일본인에게 나라를 빼앗겼다는 사실이었습니다. 한국인은 언제나 한국이 일본보다 문화적으로 윗길에 있다고 믿고 있었기 때문입니다. 그것은 한국 문화가 일본 문화에 영향을 준 데에 말미암는데, 일본이 한반도를 거쳐 중국을 만난 게 그것입니다. 이 점은 일본의 가장 오래된 역사책인 《일본서기》에 백제가 일본에 유학과 한자 교재인 《천자문》을 전해주었다는 기록이 나올 정도니까 틀림없는 사실입니다.

조선을 무력점령한 일본이 그렇게 짐승처럼 굴지만 않았더라도, 한국인의 충격은 사뭇 작았을 것입니다. 일본인은 사무라이를 동원해 조선의 황후를 칼로 난자하고, 그것도 모자라 그 주검을 불태워 버렸습니다. 일본 교사들은 조선의 초등학교에서 칼을 찬 채로 수업을 진행했고, 조선의 왕궁을 동물원으로 만들어버렸습니다. 믿지 못하시겠지만, 모두 다 사실입니다.

제2차 세계대전 중에는 열 서너 살 먹은 어린 소녀들을 강제로 끌고 가, 일본 병사들의 성노리개로 삼기도 했습니다. 하지만 이 정도로 만족할 일본인들이 아니었습니다. 일본인들은 한국인으로 하여금 조선말을 쓰지도 말하지도 못하게 했고, 심지어는 한국인의 이름조차도 일본식으로 바꾸도록 강요했습니다. 일본식으로 이름을 바꾸지 않는 조선 사람을, 일본인들은 서너 해 감옥에 처박아두기까지 했습니다. 무력을 빼고 나면, 문화 민족인 조선을 다스릴 그 어떤 능력도 그들에겐 없었기 때문이지요.

이런 사실을 새삼 들추어내는 까닭은 일본을 비판하기 위해서가 아닙니다. 어떤 경우에도 위엄을 잃지 않았던 조선 사람들이 겪었던 충격을 여러분께 알리고 싶기 때문이었습니다. 희망이라곤 하나 없는 캄캄절벽의 시기를, 조선의 시인 한용운 님은 "님은 갔습니다. 아아! 사랑하는 나의 님은 갔습니다"라고 울부짖었습니다.

희망이 끊긴 자리에서 조선인들은 물었습니다. '저 야만적인 민족에게, 우리나라를 빼앗긴 까닭은 도대체 무엇인가?' 한 목소리로 조선인은 응답했습니다.

'우리는 유럽 문물을 받아들이지 않았고, 일본은 유럽 문명을 받아들여, 현대적인 무기를 만들었기 때문이다.' 그래서 조선인은 유럽을, 미국을 배우기 시작했습니다.

이쯤에서 한국의 신화로 다시 돌아가려 합니다. 하느님의 아들은 호랑이와 곰에게 왜 "100일 동안 햇빛을 보지 않은 채, 마늘과 쑥만 먹고 살아야 한다"고 했을까요? 햇빛이 들지 않는 굴속은, 많은 문학 작품이 그렇듯 나 즉 에고Ego의 죽음을 상징할 것이라 저는 생각합니다.

그렇다면 마늘과 쑥은 도대체 무엇일까요? 둘 다 식물입니다. 그런데 호랑이나 곰은 모두 육식을 합니다. 그들이 자신의 본성을 깨끗케 하려면, 모든 생명체가 그렇듯 그들은 자신의 물질적 먹거리와 정신적 먹거리를 바꾸어야 합니다. 정신적 먹거리가 바뀌지 않은 곳에, 어떤 존재에게도 바뀜이 있을 수 없습니다. 그러면 채식이 육식보다 더 윗길이라 할 수 있을까요? 논란이 있을 것입니다. 하지만 채식보다는 육식이 좀더 잔인한 성품임을 눈짓한다고는 할 수 있을 것입니다. 초식동물인 소나 토끼보다는 육식동물인 고양이가 더 사나운 게 확실하니까요.

그렇다 하더라도 문제가 다 풀린 것은 아닙니다. 하고 많은 식물 중에 왜 꼭 마늘과 쑥이어야 했을까요? 이에 대해 우리는 이리저리 헤아려볼 수 있습니다. 여기에서 저는 한 가지만 이야기하려 합니다. 쑥은 한국이 원산지로 우리나라 어디를 가나 널려 있는 식물이지만, 마늘은 우리나라 밖에서 들어온 것으로, 그것은 심고 길러야 하는 식물입니다.

이제 알 것 같습니다. 왜 하느님의 아들이 호랑이와 곰에게 그런 말씀을 주셨는지를. 쑥이 같음과 안이라면, 마늘은 다름과 바깥을 상징하겠기 때문입니다.

이렇게 놓고 보니 또 하나 물음이 떠오릅니다. 왜 곰과 호랑이는 바깥 것, 다른 것을 제 몸에 받아들여야 했을까요? 헤겔은 말했습니다. "낯선 것을 자기화 하는 것이 일반화로 가는 길"이라고.(단군신화에 나오는 곰과 호랑이를 두고 그 동물을 숭배하던 부족을 상징하는 것으로 보는 견해가 있고 그런 해석에도 일리는 있다고 본다. 하지만 '바뀌어야 할 곰과 호랑이'를 제쳐놓고 하는 어떤 단군신화 해석도 절름발이 해석에 지나지 않는다고 생각한다.)

《성경》에 나오는 아브라함이 고향과 아버지를 떠난 것처럼, 우리 한국인 역시 낯익은 고향과 아버지를 떠나 살았습니다. 즉 100년이 넘는 동안 대부분의 우리들은 낯익었던 우리들의 고전古典과 문화를 거들떠보지도 않았던 것입니다. 대신 우리는 유럽의 고전에 고전苦戰하면서도 고집스레 들러붙었습니다.

어찌하여 제 아비와 제 집을 떠나 살아야 하는 이런 일이 한국 사람들에게 일어난 것일까요? 여러 까닭이 있을 테지만, 가장 깊은 뿌리는 하느님의 아들이 준 말씀을 곰이 온전히 받들지 못한 데 있다고 생각합니다.

햇빛이 들지 않는 곳에서 100일 동안 머물 것, 다시 말해 100일 동안 자기를 죽일 것을 하느님의 아들이 알려주었음에도 삼칠일 즉 스무 하루 째 되는 날 곰은 그녀의 바람이 이루어졌다고 생각하고, 또 다른 바람을 품었던 사실을 우리는 알고 있습니다.(곰이 100일 동안 햇빛을 안 본 것으로 된 책이 있는데,《삼국유사》에 나온 내용을 그렇게 바꾼 까닭을 밝히든지, 책을 거둬들이든지 해야 할 것이다.) 그때문에 한국인의 가슴엔 아직도 씻어내지 못한 곰의 몰골 즉 짐승스런 성깔이 남아 있다고 저는 생각합니다. 그래서 같은 피붙이끼리 전쟁도 한 것이고, 미국의 용병이 되어 베트남 민중을 죽이기도 했던 것입니다. 우리 민족이 역사 앞에 지은 이 두 죄는 아주 오랜 시간 동안 우리와 우리 후손들이 짊어져야 할 짐입니다.

100년 동안의 고통 속에서, 우리 한국인은 유럽인과 미국인으로부터 많은 것을 배울 수 있었습니다. 특히 과학과 기술 분야에서 그러했습니다. 이제 우리 한국인도 이 분야에선 어느 정도 성과를 거두고 있습니다. 보기를 들면 세계 1위인 제철제련소가 한국 기업이고, 2006년 독일월드컵 축구대회에 참가한 모든 팀이 한국 기업이 만든 차를 탄 것이 그것입니다. 그뿐만이 아닙니다. 삼성, 현대, 엘지는 전 세계 가전업계를 이끄는 한국의 기업들입니다. 또 2006년 현재 한국의 86퍼센트 가정이 인터넷을 갖추고 있다는 점도 곁들여 말씀드리고 싶습니다. 이렇듯 물질 생산 쪽을 보면, 이제 우리 한국은 유럽과 어깨를 거의 나란히 하게 되었습니다. 그러면 한국은 이러한 생산을 통해서 사람이 살만한 좋은 문화를 이루어냈는가? 안

타깝게도 대답은 그렇지 못합니다.

여기서 저는 다시 한 번 한국 신화를 눈여겨보려 합니다. 이전에 곰이었던 여인이 어떻게 '한 아이'를 낳을 수 있었을까요? 그 놀라운 일은 하느님의 아들과 맺어짐을 통해서만 이루어졌습니다. 그렇다면, 이때를 사는 우리 한국인은 하느님의 아들을 만나기라도 한 것일까요?

시인 한용운 님은 "쏟아지는 눈물 속에서 당신을 보았습니다"라고 말했습니다. 눈물 속에서 하느님은 당신의 얼굴을 보여주신 것입니다. 마가복음 기록자도 슬픔 가운데 계시는 하느님을 고백하고 있는 걸 보면, 아마도 이 시인과 한 마음이었나 봅니다. 그 대목을 따오도록 하겠습니다.

> "예수를 지켜보고 서 있던 백인대장이 예수께서 그렇게(나의 하느님, 나의 하느님, 어찌하여 나를 버리셨나이까?-저자) 소리를 지르고 숨을 거두시는 광경을 보고 '이 사람이야말로 정말 하느님의 아들이었구나' 하고 말하였다."
>
> 마가 15:39, 공동번역

곰이 그랬던 것처럼 낯선 것, 바깥 것을 받아들이기 위해 저는 여기 발도르프대학에서 세 해 동안 공부했습니다. 제 삶에 큰 자국을 남길 좋은 경험을 이곳에서 저는 했습니다. 이 대학에서 저를 이끌어주셨던 모든 선생님, 특히 슈베르트Herr Schwerth 박사님, 슈멜차Herr Schmelzer 박사님 그리고 오베를리Frau Oberli 교수님께 마음 깊이 감사합니다. 이 세 분은 오랜 기간 일대일 수업을 통해 저를 이끌어주셨기 때문입니다.

뜻을 같이하는 다른 선생님들과 함께 한국에서 학교를 세울 수 있기를 아내와 저는 바랍니다. 그 학교에, 눈물 속에 얼굴을 보이시는 하느님이 나타나, '한 아이'가 그 학교를 통해 이 세상에 나타나기를 바랍니다.(《심청전》을 빌리면 그 아이의 이름은 '태동'이 되겠지요.) 또한 저희들은 바랍니다. "그는 흥하여야 하겠고, 나는 쇠하여야 하리라(요한 3:30)"는 세례 요한의 소리가 우리의 소리가 되기를. 그러면 그 아이는 틀림없이 인도의 시인 타고르가 읊었던 노래가 참된 말임을 세상 모든 사람들에게 확인해주리라 믿습니다.

"일찍이 아시아의 황금 시기에
빛나던 등불의 하나인 코리아
그 등불 다시 한번 켜지는 날에
너는 동방의 밝은 빛이 되리라"

스승이 제자를 축복하는 말 가운데, 세례 요한이 예수를 위해 했던 말보다 더 아름답고 깊은 소리를 저는 모릅니다. 그래서 저는 간절히 바랍니다. 세례 요한의 소리가 단지 저의 소리만이 아니라, 여러분의 소리도 되기를.

감사합니다.

참고자료

《교육철학》, 김정환 · 강선보 공저, 박영사 2003

《국가》, 플라톤 지음, 박종현 역주, 서광사 1977

《그리스비극에 대한 편지》, 김상봉 지음, 한길사 2004

《노래하는 나무》, 한주미 지음, 민들레 2000

《논어》

《민주주의 교육》, 존 듀이 지음, 이홍우 역주, 교육과학사 2008

《법 없는 길》, 김우창 지음, 민음사 1993

《성경》

《소포클레스 비극》, 천병희 옮김, 단국대출판부 2001

《시란 무엇인가》, 유종호 지음, 민음사, 2005

《심청전》, 정하영 역주, 고대민족문화연구소 1995

《어떻게 외국어를 배우는가?(Wie lernt man fremde Sprachen?)》, 에르하르트
   달 지음, 이정희 · 한우근 옮김, 아르케 2004

《이분법을 넘어서》, 장회익 · 최종덕 공저, 한길사 2007

《자유를 향한 교육》, 아르네 클링보르그 · 프란스 칼그렌 공저, 한국슈타
   이너교육협회 번역, 섬돌 2008

《주역》

《지상의 척도》, 김우창 지음, 민음사 1993

《학문의 즐거움》, 히로나카 헤이스케 지음, 방승양 옮김, 김영사 2003

《형이상학 강의 2》, 박홍규 지음, 서광사 2004

《황제내경》